株は夢をかなえる道具

女子のための株式投資入門

杉原杏璃

杉原杏璃の1日

株とともに始まり、
株とともに終わる毎日。
最近はパンづくりにハマってます。

8:00A.M.

朝食をとりながら今日の値動きをチェック。朝食は手作りのパン。11時頃には大体売買を終えます。

11:30A.M.

取引所も休憩時間に。私はお気に入りのカフェへランチに。仕事がない日は買い物や美容院へ。

14:00P.M.

私がプロデュースする新感覚インナー「Andijur《アンディジュール》」の打ち合わせへ。どんどんアイデアが出てきます！

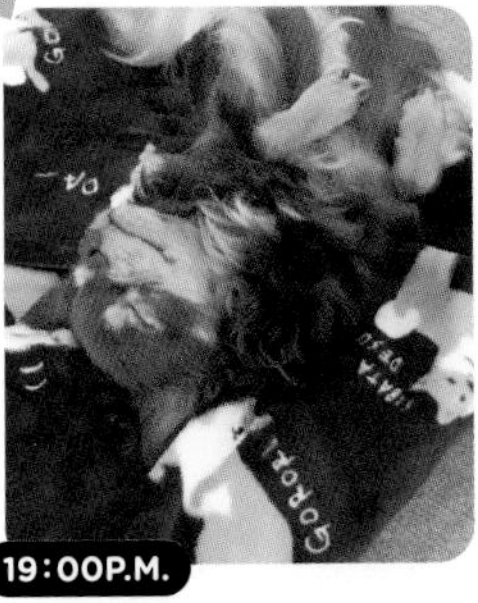

19:00P.M.

帰宅し、愛犬・きなこにご飯をあげたり、夕飯を作ったり。そのあとテレビを見たり、ゲームをしてリラックス。

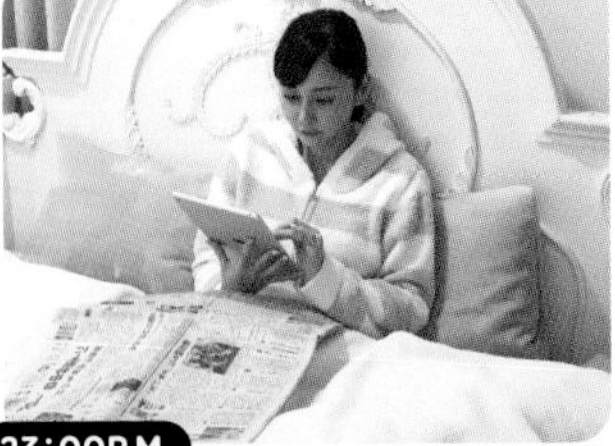

23:00P.M.

日経新聞を読んだり、株のリサーチタイム。ブログの更新もこのときに。2時頃に就寝。

お財布は
水晶の上に置いて
一晩浄化！

株は夢をかなえる道具

女子のための株式投資入門

杉原杏璃

祥伝社黄金文庫

文庫版のためのまえがき

こんにちは！　杉原杏璃《すぎはらあんり》です。この度、2019年に「株ドル」と呼ばれるようになってから初めて出版した、『株は夢をかなえる道具』を文庫化することになりました！

23歳で株を始めて、投資歴はもう17年以上が経ちました。その間、家を購入したり、30歳で「億り人」になったり、補正下着の会社を起業したり……。思えば株式投資で得た利益のおかげで、いろんなことが経験できました。もちろん、失敗もたくさん。リーマンショック、チャイナショック、コロナ禍……。株価の乱高下に「キャー！」と悲鳴を上げながら**幾度もの失敗の中から改善をし、軌道修正をしながら自分に合うスタイルをつくっていきました。そんな経験の中でメンタルも強くなってきました。**

株式投資に対して「難しそう」「だまされて大損しそう」というイメージを持っている方は、まだまだ多いですよね。ですが最近では**「杏璃ちゃんができるなら、私もやってみようかな」と親近感を抱いてくださって、勇気を出して最初の一歩を踏み出してくれる方々が増えてきました。**

私自身も恐る恐る始めた株。そんな私の本を読んだり、講演を聞いてくれた方々の背中を少しでも押すことができていると思うと、とっても嬉しいです！

そして何と、**昨年にはオンラインサロンをオープン！** 私と一緒に資産運用を学んだり、相談したりする場です。

お金の話って話題にしづらくて、周りの人に上手く相談できなかったりしますよね。私もずっと一人で試行錯誤していました。孤独を感じて、寂しかったです。だからこそ、もっと皆さんとお金の話がしたい！と思って、サロンを立ち上げました。

このように、**最初は右も左も分からなかった株を「道具」にして、たくさんの新しいスタートとチャレンジを続けています。**ちなみに今の目標は、投資のシェアハウスをつくること！

「どうせ無理だろ」って思いましたか？　わたしは全く思っていません。株は夢をかなえる道具であることを知っているから。

これは私だけの話じゃないです。皆さんも一緒！

だからこそ、この本で皆さんの「最初の一歩」のお手伝いができたらな、と思っています。私と一緒に、夢をかなえていきましょう！

2023年7月

杉原杏璃

はじめに

こんにちは。杉原杏璃です。

私はグラビアタレントとしての活動のかたわら、23歳で株を始め、30歳になった頃、株をやっていると公表してから「株ドル」と呼ばれるようになりました。

始めたばかりの頃は、株の勉強なんて、ほとんどしませんでした！

株の本を読んでも専門用語がずらずら並んでいて、それだけでチンプンカンプンだから、とりあえず実際に「株を買ってみる」ことにしました。

すると、そのとき買った株で、少しだけ利益が出たのです。

「なんだ、株って怖くないじゃない！」と思ったのを覚えています。

もちろん、そのあと失敗もたくさんしてきました。株で「損しない」ということは、あり得ません。それでも、損を小さくして、それ以上の利益を出すことはできます。

私は、**始めて5年目で1000万円の利益を出して、今は1億円以上の利益を出せるようになりました。**

数字が苦手な私でも、ここまでやってこられたのです。「習うより慣れろ」という言葉もあるように、株のセミナーに何度も通ったりするより、投資をスタートさせたほうが、はるかに株の楽しさが分かるでしょう。

銀行の利子も低く、年金も当てにならない今、お金にもちゃっかり働いてもらって、将来のために資産運用もする。そんな女性が活躍する世界になれば素敵ですよね。

私は本気で「株をやればハッピーになれる」と信じています。

それは決して、株でお金が儲《もう》かって幸せになれるからという意味ではありません。

株は「自分の夢をかなえるための道具」になってくれるからです。

皆さんもきっと、一度くらいは株をやってみようかな、と考えたことがあると思います。

けれども、多くの人は行動に移しません。

それは、株式投資のイメージがあまりよくないからでしょう。

投資と聞くと、ハードルが高く、リスクもありそう……。「お金儲け」「ギャンブル」「難しい」「オジさんがする投資」……たぶん、こんなイメージを持っている方が多いんじゃないでしょうか。

私も同じように思い、リスクも高そうだと感じていました。2005年に、株を始めるまでは。

そして、今となっては、そのイメージのためにすごく損していたことに気がつきました。

この本は、1億の利益を出している杉原杏璃流の投資術について書いていますが、「1年で1億稼いだ」「仕事を辞めて投資家になった」「儲かるから、みんなやりませんか？」などと、あおる内容の本ではありません。株で「なりたい自分」に近づけるような、人生を自由にデザインできるようになる方法をご紹介します。

お金は、誰もが減らしたくないと考えているでしょう。

本書でもご紹介しますが、私も10代の頃からお金を減らさないことばかりに懸命になって、ちょっとでも安いものを買ったり、欲しいものをガマンしたりして節約していました。

大人になったときのために、今後のために……と倹約していたのですが、それだけだとお金は増えていかないことに株を始めてから気づきました。

やっぱり、「減らさないこと＋増やすこと」の両方がないと、お金は貯まらないものです。

株で得られるのはお金だけではなく、それ以外の喜びもたくさん手に入れられます。

仕事でも株でも、ステップを上がっていくと達成感や高揚感が生まれます。いろいろなスキルや情報が身につくので、自分自身の世界をぐんと広げられます。それはきっと、仕事でもプライベートでも役に立つのではないでしょうか。そんな思いをこの本のタイトルに込めました。

チャレンジしなければ、確かに損はしないかもしれないけれど、チャンスは増えません。だから、自分の明るい未来の足掛かりとして、人生に株式投資という選択肢を加えてみてください。

本書が、あなたが新しいステージに行くためのきっかけになってくれると幸いです。

2019年5月

Contents

Chapter 02

初心者でも大丈夫、株式投資の始め方

Chapter 03

知っておくと差がつく！売買テクニック

Chapter 04

素人でも成功できたマイルール

Chapter 05

私が買った銘柄も公開！

銘柄選びは自分の「好き」を大事にする

Chapter 06

「株ドル」から「億ドル」へ

Chapter 07

株が世界を広げてくれた

[STAFF]
ブックデザイン　藤塚尚子
編集協力　大畠利恵
写真撮影　掛川陽介
スタイリスト　菊地文子
ヘアメイク　矢部恵子
協力　フィット

＊本書は、基本的に2019年５月時点での情報をもとに作成しています（一部、文庫化のための加筆・修正を加えています）。株式投資一般に関する情報提供を目的として書かれたもので、投資の勧誘を目的にしたものではありません。また、特定の銘柄及び証券会社、金融商品を勧めるものではありません。株価は日々変動しており、それに伴う情報にも変更がある場合があります。最新の情報は証券会社や各ホームページなどでご確認ください。

＊本書の掲載内容に関しては細心の注意を払っていますが、内容を保証するものではありません。本書で紹介した内容に従って投資を行ない、損失を出した場合も著者及び出版社はその責任を負いかねます。

Chapter

01

私が株を始めた理由

タレントの仕事だと食べていけない

私は16歳のとき芸能界に入って、19歳で東京に来ました。当時は、オーディションとレッスンがほとんどという毎日で、売れてる芸能人、っていう感じではありませんでした。

現在もテレビタレントとして超多忙かと言われたら自信はありませんが（笑）、それでも今はあの頃と違い、毎日を楽しく生きています。

でも、それは仕事や株投資でお金を儲けているからではありません。もちろん、株でコツコツと利益を積み重ねてきて、お金に対してむやみに不安を抱くことはなくなりましたが、それは幸せの大きな理由ではありません。

今の幸せは、株をすることによって、自分自身が変われたから。

自分が変われば、まわりも変わるし、付き合う人も変わる。そうして、お金にも好かれるようになる。株により私の世界が変わったこと。幸せの理由は、この大きな変化にあるのです。

私が株を始めたのは23歳のときです。

なぜ始めたか？　正直に言います。芸能界のお仕事だけでは食べていけなかったからです……なんて言ったら、信じてもらえないかもしれませんが、本当です。

いろんな雑誌のグラビアに出て、写真集も大ヒットして、誰もが名前を知っているような人気グラビアアイドルになれるのは、ほんの一握り。多くのグラビアアイドルは、名前を覚えてもらえないまま姿を消しているのです。

私のまわりのグラビアアイドルは、実家から通っている子や事務所の寮に入っている子がほとんどでした。そういう子は生活費がそれほどかからないので、なんとかタレントの収入だけでやっていけたようです。でも、知り合いのお店でバイトをしている子もいました。

私は東京に知り合いもいなかったですし、自立をしたかったので、マンションを借りて住んでいました。マネージャーさんが見つけてくれたマンションは、家賃8万円。水道光熱費も払わないといけないし、東京は物価も高いし、そんなに仕事もないし、気がつけば貯金がみるみる減っていきました。

それならバイトをしようかと思ったのですが、いつオーディションが入るか分からないので、それもままなりません。

かといって、親には仕送りを頼みたくありませんでした。親に頼んだら、「大丈夫？芸能界の仕事なんて辞めたほうがいいんじゃない？」と心配されるのは目に見えていたからです。自分の意思で上京したので、心配だけはかけたくない、と思っていました。

「このまま売れなくて、広島に戻ったら、どこかでアルバイトからスタートしなきゃいけないのかな」

そんな不安にさいなまれていた、ある日のことです。

周囲の人に、「本業に支障がないような不定期なバイトみたいなのないかな？」と相談してみたんです。

すると、ある人から「それなら株をやってみたら？　今はネットで申し込めて簡単に取引できるし……、自分が動けないときには、お金に働いてもらえばいいんじゃない？」と言われました。

「お金に働いてもらう？」

自分で働いてお金を稼ぐのではなく、株や不動産などに投資してお金を得ることを、「お金に働いてもらう」というのだと、初めて知りました。そして「コレだ！」と思いました。

だって自分が忙しくなってもできそうだし、そしたら2馬力になるじゃん!!

そのとき、私が思い出したのは、株取引をしている父の姿でした。長年やっていたようなので、「そんなに危険はないのかな」と思ったのです。

そしてすぐに、私もやってみよう。そう思って、さっそく証券会社の口座を開設しました。

まわりの大人に認めてもらいたかった

株を始めたのはお金を稼ぎたかったからですが、実はもう一つ、隠れた理由があります。

それは、**まわりの大人にバカにされたくなかったから。**

グラビアの仕事をしていると、お食事の場に誘われることはよくあります。おいしいご飯を食べられるし、仕事につながるかもしれないし、人脈づくりになると思ったら、断れないですよね。

会社の社長さんたちが集まるお食事会に行くと、誰もが知っているような有名企業の社長さんばかりだったこともあります。

そこで社長さんたちがしているのは、政治やビジネスの難しい話ばかり。そこにいる女の子たちはみんな黙って話を聞いているだけでした。要するに、お飾りだったのです。

なかには、「今の政権はどっちかぐらい、分かるよね？」「総理大臣の名前ぐらい、知ってるでしょ？」と聞いてくる人もいました。

「ああ、この人たちは自分の知識をひけらかしたいんだな」と内心思ってみるものの、何も知らないのも事実です。

経歴を聞かれて答えると、「君、大学も行ってないんだ」「広島出身？　なんだ、じゃあ田舎者だね」とバカにされるようなことばかり言われるし、「グラビアの仕事って、いくらぐらいお金をもらえるの？」と聞かれて正直に答えたら、「なんだ、それじゃ普通のバイトより安いじゃん」と言われるし……。

それでも、「そうなんですよ～」とニコニコしていると、「そうやってニコニコ笑っていれば何でも解決すると思ってるでしょ？」とトドメの一言。

もうもう悔《くや》しくて、帰りに女の子たちでカフェに行って、「あのおじさんたち、ひどいよね～」とグチを言って気晴らししていました。

でも、おじさんたちの失礼な態度は悔しかったけれど、それ以上に、バカにされても何も言い返せない自分が悔しかったんです。私は高校しか出ていないし、東京は地方とは何もかもレベルが違うなと感じていたので、コンプレックスみたいになっていました。

仕事でも、まわりにいるカメラマンさんや編集者さんもみんな大人ばかりで、高学歴で頭がよさそうに見えるし、楽屋で政治や経済の話になることもありました。

私が黙って聞いていると、「話分かんないよね、ごめんね」と言われることが多かったのです。

たぶん二十歳になるかならないかぐらいの女の子だから、分からないだろうと思ったのでしょうが、「ああ、私って、何も知らない子っていう設定なんだな」と一人で傷ついていました。

そんな体験を何度もしていたので、「話についていけるようになりたい」と思うようになったのです。

それなら、新聞や日経ビジネスみたいな雑誌や本を読めばいいと、普通は考えるかもしれません。

でも、それでは身につかないと思いました。

勉強は語学でもなんでも、使わないとうまくならないし、楽しくなりません。女性はファッションやコスメは毎日身につけるのでくわしいし、リサーチするのも楽しいですよね。経済や政治の話は日常生活で使いようがないから、苦手なんだと思います。

でも、株をやれば経済や政治のことを知ろうと思うし、楽しくはないかもしれないけれど、続けられるのではないかと感じたのです。実際お金をかけてやるくらいじゃないと、学歴がないので頭に入らないと思ったからです。

それと、社長さんたちの会話で気になったことがありました。

「自分のことをかわいいと思っている女は、自分がレベルを上げるんじゃなくて、自分のパートナーに付加価値を持たせて自分の価値を高めようとする女ばっかりだ」みたいなことをよく言っていたんです。

要するに、玉《たま》の輿《こし》に乗り、夫の力で自分も成り上がっている子ばかりだということでしょう。

「そんなことを言っているのに、自分は若くてかわいい女の子を横に置いてるじゃん」と心の中ではツッコミましたが（笑）。

でも、それは正論だなと思いました。

私のまわりにも、自分の外見だけを磨いて、お金持ちの人とくっついて自分の価値をワンランク上げるような女の子が多かったので、そんな見方をされるのは当然かも、と感じたのです。

世の中のお金持ちや男性の本音を20代の前半で聞けて、ある意味、よかったかもしれません。そんなふうに思われる女性にはなりたくないと、心の底から思えたので。

30万円で投資デビュー

株をやろうと思ったものの、「どうやって始めたらいいんだろう」と、サッパリ分かりませんでした。

そこで、楽天証券《らくてんしょうけん》が出していた初心者向けの株の本を買ってきて、パラパラと読んでみたのです。

ファンダメンタルズ分析、テクニカル分析、ローソク足……専門用語のオンパレードで、さっぱり分かりません。口座の開設の仕方のページだけフムフムと読んで、さっさと申し込んでしまいました。

無謀かもしれないけれど、実際にやってみながら学んでいくほうが身につくんじゃないかな、と感じたのです。

しっかり勉強してから始めたい人は、セミナーに通ったり、本を何冊も読みこんでもいいかもしれません。でも、私のように数学は苦手だし、勉強も苦手意識のある人は、**実践で鍛えたほうが断然いい**と思います。あまり知りすぎると、「こんな難しいこと、自分にはできない」と思ってしまいそうですし。

ちなみに、証券会社の口座はどこも無料で開設できます。

開設しても、すぐに投資をスタートさせる必要はないので、銀行口座のような感じで、開いてみるのをオススメします。

最初の投資額をいくらにするかは、大事なポイントです。

そのときの私の貯金は２００万円ありました。私は高校のときから仕事をしていたので、そのお金をコツコツ貯めていたのです。

でも、そのお金を全部使ってしまうのは、さすがに「なくなっちゃったら怖いな」と思いました。１００万円でも、50万円でも、「もしそのお金で損して全部なくなったら？」と考えると、ためらいました。

そこで**30万円からスタートすることにしたのです。万が一全部なくなっても、**

1年間の授業料だと思えばいいか、と思ったからです。

次に考えるのは、どこの会社の株を買うのか。

これは、今でも私にとってはとても重要です。いろいろ調べて、「ここなら大丈夫！」と思って買った株が、みるみる下がっていくこともありますし、「株の世界に絶対はない」って思ったほうがいいかもしれません。でも、自分の読みが当たったときは大興奮します！

私が最初に選んだのは、東京ドームの株でした（注・2021年4月に上場廃止しました）。

証券会社のサイトで紹介されている有望な会社を見ても、当時はネットで調べても今ほど情報が多くなくて、それ以上どう調べたらいいのかも分からなかったのです。

ですので、**自分が好きなジャンルの株を選ぼう**、と決めました。

私が好きなのは野球。広島カープファンだったので、カープ関連株をと思ったのですが、ピンとくる銘柄がなく、シンプルに「東京で広島カープの試合を見るなら、東京ドームかな。チケットをもらえるかもしれないし」という理由で選んだのです。実際は、私の資金では少ない株数しか買えなかったので、株主優待のチケットなんてもらえなかったのですが……。

そんな安易な選択でしたが、好きなジャンルの株を買うのは、今もずっと続けています。

やっぱり、好きな分野だから調べていても楽しいし、それでお金が増えると嬉しいですよね。

女性は好きなことに敏感だからこそ、「好き」とか「ファン」という感性を大事にできるんじゃないかな、と思います。

株ドル、誕生！

株をスタートした日から、パソコンやスマホの画面にくぎ付けになって、値段が上がったり下がったりするたびに一喜一憂する……。

そんなイメージを持っているかもしれませんが、私は1カ月間、放置していました。

まわりの大人に、「株を始めたんです」と言ったら、「最初は1カ月ぐらい経ってからサイトを見てみるといいよ。1カ月経ったら、上がってるか下がってるか分かるから」と言われたからです。

毎日パソコンとにらめっこしながら分析するなんて私には難しそうだな、と思っていたので、「そんなもんでいいんだ」と、ちょっと気が楽になりました。

その言葉に従って、1カ月後にサイトを開いてみると、金額が増えていたので驚きました！

もちろん、毎日何十万円や何百万円も稼いでいる人から見たら、お小遣い程度の金額でしょう。でも、私は**「これがお金に働いてもらうってことなんだ」**と実感しました。グラビアの世界では、数万円のお金を稼ぐのでもとても大変なのです。

そのときから、株は私の人生のパートナーとなりました。

私が株をやっていることを公表したのは30歳になってからです。

始めてから7年間もやってきたし、これからも続けるだろうから言っても大丈夫かな、と思ったのです。

公表してから、いつの間にか「財テクタレント」「株アイドル（＝株ドル）」と呼ばれるようになり、株関連の仕事が増えていきました。

株をやっていてよかったと思うのは、いろんなところで**「投資家目線」が役に立っている**からです。株を選ぶときの視点で考えるようになって、考え方や物の見方が変わりました。

株でお金が貯まってから、30歳で補正下着のブランドを立ち上げました。

グラビアの仕事は水着が制服みたいなものです。そんな環境で30前の私が10代の子たちと競っていくことを考えると、「やっぱり、20代の頃より背中やわきの下にお肉がついたなあ」と感じるようになりました。

だから、20代、30代の、まだ本来なら補正下着は着なくてもいい世代の子たちが気軽に着れるような、おしゃれなファースト補正下着みたいなのがあったらいいんじゃないかと思いついたのです。

そこで、株で貯まったお金を元手に補正下着のビジネスを始めました。

ここで役立ったのが、「投資家目線」です。

商品のキャッチコピーを、「自分が株で銘柄を選ぶときの視点」で考えてみました。

銘柄を選ぶときに会社のホームページも参考にしていますが、会社の概要とか理念とかが長く書いてあると、それだけで読む気をなくしてしまいます。

そこで、補正下着はコンプレックスの商品でもあるので、みんなが一番悩んでいるところに響くような、短くて分かりやすいキャッチコピーを考えたのです。

「ゆるみ、たるみを押さえてあげて引きしめる」「縫い目が一切ないので、肌あたりがいい」「360度シームレスで、伸縮性がいいので、24時間着られます」「サポートインナーなのに、見せたくなるエレガントなレース柄」……こんなキャッチコピーを考えてテレビ通販で紹介したところ、飛ぶように売れました！ そんな感じで、あらゆる場面で投資家目線は役に立っています。

もしも株をやっていなければ、今の私はいないでしょう。

「ニュース女子」という政治バラエティ番組で一、二を争う、うるさいオジさまたちと対等に話もできるようになりました。そもそも、この番組に声をかけていただいたのも、株をやっていたからです。

お金にも困らない、男にも困らない（笑）、仕事にも困らない。

株は人生を変える力を持っているのです。

女性は、株に向いています！

一般的に株は男性がやるものというイメージがありますよね。でも私は、株は女性のほうが向いてるのではないかな、と思います。

男性の投資はギャンブル色が強くて、一発勝負に出たくなるみたいです。女性は勝ち負けより、地道にコツコツできるので、堅実にお金を貯めやすいのです。ポイントを貯めたり、スーパーの安売りが大好きな人こそ、向いているんじゃないでしょうか。

私の株仲間である男性の知り合いは、私のように中長期で株を売買する方法より、最初はデイトレ（デイトレードの略。一日で売買を決着させる短期の売買方法）をやっていました。

デイトレの銘柄の株価は、２００円とか安いのが多いのです。

「だったら100株買っても2万円だし、1万株ぐらい買えるじゃん。1円上がったら1万円の儲けになるし、10円上がったところですぐ売れば、一日10万の儲けになる。そうやって毎日利益を重ねていったら、給料なんてすぐにペイできる」

そんな強気な考えでデイトレにチャレンジしたんですが、デイトレは一日の値動きが激しくて、20万円の利益が出たと思ったら、5分後にはあっという間にマイナスになっていることもあるのです。結局、疲れて普通の取引に落ち着きました。

もともと女性は慎重な人が多いので、地道にコツコツ利益を増やしていく方法がいいと思います。女性には、ハイリスク・ハイリターンの投資は向いていないでしょう。

でも、女性が投資をすることは、まだまだ受け入れられてないな、と感じます。

グラビア仲間に株のことを話すと、「えっ、大丈夫？」「そんな危ないの、やめたほうがいいよ」と言われたりします。

今は女性でも株をしている人も増えてきましたが、それでもまだまだ少数派。FX

（外国の通貨を買ったり売ったりして利益を出すこと）と普通の株投資の違いも分からない人が多くて、「株＝失敗したら無一文になる」「借金まみれになる」というイメージがあるみたいです。普通の株投資を地道にコツコツ続けていたら、無一文になることはまずありません。

「大丈夫だよ、みんなもやったほうがいいよ。グラビアって一生やってける仕事じゃないでしょ？」とすすめても、「えー、そんな面倒なこと、やだあ。欲しいものがあれば男の人に買ってもらえばいいじゃない」と言われてしまいました。

芸能界で仕事をしている子たちは、「せっかく自分はかわいいのに、なんでそんなことをしてお金を稼がなきゃいけないの？」と思っていて、私の考えは「？」でしかないようです。そんな生活、若いうちだけなのになあ、とそのたびに思ってしまいます。

今でも、私のまわりの働く女性では、メイクさんぐらいしか株をやっていません。

でも、地元に帰って友だちに話すと、主婦の子たちは「やりたい！」と言います。

今は地方でも、共働きじゃないと生活が苦しく、やっていけないと聞きます。

子どもが生まれたら保育園に通わせるのにはお金がかかるし、主婦がパートに出るぐらいでやりくりしていくのは大変です。

そんな主婦にとって、**自宅にいたままパート以上にお金を稼げる株は、やっぱり魅力的なのです。**実際に株を始めた友だちも何人かいます。

働く女性だって、株をやってほしいと思います。

今は結婚したくないと考えている若い女性が増えているようです。

独身のほうがお金も時間も自分のためだけに使えるし、仕事に打ち込めるし、私もつい最近まで結婚に興味がなかったので、その気持ちは分かります。でもそんなときに、自分の生活に余裕が持てるようなものがあったらどうでしょう？　また違った考えが生まれるんじゃないでしょうか？

今は結婚しても、いつ離婚するか分からない時代です。本当は家族が仲良くいられるのが一番なんですが、いろいろあって離婚したいのに、お金がないからできない、という話もよく聞きます。

子どもが大きくなるまで待とうとか、旦那さんをお財布と割り切って結婚生活を続けようとか、ガマンを続けるのは自分の人生を生きてないということになります。

今の時代は会社も年金も、いつなくなるか分かりません。天災もいつ来るか分からないですよね。老後も、自分の旦那さんや子どもは当てにならないかもしれませんし、やっぱり今からでも備えておいたほうがいいのではないでしょうか。

それに、株をやっていると社会を知って、視野が広がります。お金があると経済的に自由になれますし、視野が広がると心も自由になれるのです。

「できない」と何かを諦める人生を送らないためにも、株はきっと力を貸してくれます。

Chapter
02

初心者でも大丈夫、株式投資の始め方

難しいことは分からなくても、まずはゆるく始めてみる

株は、「買って売る」だけ。

安いときに買って、高くなったら売ればいいのです。

私は「買えば増えるだろうな」という楽観的な思考で始めました。

とにかくやらないことには始まらないと思い、口座開設しました。

「株ってなんだか難しそう」「興味はあるけど面倒くさい」といって株を始めないのはもったいないと思います。

また、「1日のうちにどれくらいの時間を株に費やさないといけないんだろう」「仕事もあるし、旦那もいるし、家事もあるし」と思うと、なかなか株を始めようとは思いません。

私は、これから株を始める人に、株は面倒くさいものだと思ってほしくないので、

基礎知識がなくても始められるということを言いたいです。

私の影響で株を始めたメイクさんは、株には取引時間があることも知らずに株の売買をしていました。

とりあえず始めて、もしもっとくわしく知りたくなったら、あとで調べればいいのです。今は、私が株を始めた頃と違って1株から株を買うことができるので、少額から実践で覚えていくことができます。

私は株を始めた当初、楽天証券の初心者向けの本で、口座の開設の仕方だけ読みました。「チャート」や「移動平均線」など専門用語はあとで覚え、実践で覚えるほうが自分には合っていると思ったからです。

株は3ステップで始められます。①証券会社に口座を開設する、②口座にお金を入れる、③銘柄を買う、であとは値上りを待つ！

Chapter 01でも書いたように、私は1カ月サイトを見ずに放置していました。楽観的とはいえ、心配は心配だったのですが（笑）。

最初は一喜一憂したり、心配したりすることが多いと思うので、サイトを見なかったことは結果すごくよかったです。1カ月後サイトを開いてみたら、ほんの少しプラスになっていました。

そのとき、株って1カ月経って見てみたら増えてるものなの?って、たまたま運がよかっただけかもしれませんが、株って楽しいものだと思えました。

始めるときはゆるく、ノウハウが分かったら本格的に取り組んでいけばいいと思います。

株は利子のつくATM!?

私は30万円程度からスタートしました。貯金とお給料から家賃や生活費などを引いて、ある程度余裕を持って出せるのがその金額だったのです。

大金を使って投資だけで生活する人は、本格的にやらないといけないのかもしれません。でも、副業のような感じでするのなら、そこまで本格的にする必要はないでしょう。

特に働く女性は株のリサーチをしている時間もあまりありませんし、平日に毎日取引するのも難しいと思います。だから、自分にとって簡単だと思う方法で充分です。

たとえテレビや新聞で企業のいいニュースが報道され、みんなから遅れて株を買って、遅れて売っても、それなりに利益は出ます。ギャンブルのように勝負したり、欲張らなければ、株で全財産を失うことはないでしょう。

今は銀行で預金していても、金利は普通預金で多いところでも0・001％ぐらい。100万円預けても1年で10円ほどにしかならないのです。

それを考えたら、月に数千円でも数万円でも利益が出たら、銀行に預けているより大きいと思いませんか？

私は、株は銀行より利子のつくATMだと思っています。ただ、このATMはたまに勝手にお金が減ってしまうこともあるんですが……。

でも、付き合っていくうちに、お金を増やしていくコツはつかめてきます。

お金は人生のパートナー

私が株を始めたのは23歳のときでしたが、もっと早く始めておけばよかったな、と思います。

そして、実際に株をやってみた人は、みんな口をそろえて「もっと早くに始めておけばよかった！」と言います。やってみたら、それほど難しくないし、若ければ若いほど頭がやわらかいので、先入観なくできると思うんですね。

学生さんは株をやっておくと就職活動のときにも役立つかもしれません。経済のことを話せるようになるし、自分が入る会社選びの目安になるかもしれません（笑）。

自転車の乗り方を覚えるのと同じです。子どもの頃なら、転んでも大丈夫。大人になって転んだら、大けがになりますよね、きっと。

たまに、退職金を株につぎ込んで老後の資金がなくなった、という話を聞きます。

若いうちに、ちょっとずつ株で稼いでいたら、そんな無謀なことをしなくてすんだのに、もったいないと思います。

今はお金に困ってなくても、将来何が起きるのかは分かりません。リスクを分散させるために、もう一つ収入源をつくっておくと安心です。お金は人生のパートナーになってくれるでしょう。

それに、**株で手に入れられるのはお金だけではありません。**

知識とか、先を読む力とか、人脈とか、行動力とか……そんな形のない財産を手に入れられるのです。

そして、**夢に投資できます。**

お金を貯めることを目的にするのではなく、貯めたお金で自分がやりたかったお店を開くとか、夢に投資するのです。

株で幸せ度が上がっていくのを、皆さんにも体験してほしいと思います。

3ステップで株式投資を始めよう

さあ、いよいよ証券会社に口座を開設してみましょう。

皆さんにとって口座開設が一番敷居が高いと思うので、ここでは簡単に3ステップでお伝えします。

実際に投資を始めて、利益がプラスになれば楽しいと感じてもらえると思うので、そのための入り口まで皆さんをお連れしたいなと思います。

ステップ1　証券会社に口座を開設しよう

株を始めるためには、まず証券会社に自分の口座を開設してスタートします。

「ここの会社の株を買いたい！」と思っても、直接その会社から買うわけではありません。証券会社を通して買うことになります。

私のオススメは、断然ネット証券です。

証券会社の窓口でも取引はできますが、ネット証券よりも手数料がかかります。口座開設は無料のところが多いですが、株の売買をするときに手数料がかかります。

初心者の私は、プロの証券マンの話を聞いていてもチンプンカンプンでしょうし、すすめられるまま買うしかないんじゃないかな、と感じました。人任せにするのはリスクは減るかもしれませんが、楽しさも減ります。私は自分で選んで買うネット証券にしました。

数あるネット証券から私が選んだのは楽天証券です。

楽天でよくショッピングしていたので、お買い物をする感覚で楽天証券を選んだのです。

ほかのネット証券と比べてみて、楽天証券はデザインがシンプルで見やすくて、初心者でも入りやすい雰囲気です。

証券会社によって特徴が異なるので、自分の好みのデザインで証券会社を選んでもいいかもしれませんね。

ネット証券には店舗がないので、パソコンやスマートフォンから自分で口座開設の手続きをすることになります。

口座開設にはマイナンバーカードや運転免許証などの書類が必要です。すべてウェブ上でやりとりできて、24時間いつでも開設できます。

私は知り合いの方に教えてもらいながら口座を開設したのですが、オペレーターが電話でサポートしたり、リモート操作でパソコン画面を操作してもらえるサービスも用意されているので、パソコンが苦手でも安心です。

楽天証券で口座を開いてみよう

① ホームページにアクセス

［用意するもの］
本人確認書類
- 運転免許証
- 住民票の写し・印鑑登録証明書
- 各種健康保険証
- パスポート
- 在留カード・特別永住者証明書
- 住民基本台帳カード
- 個人番号カード

のいずれか

② 本人確認書類アップロード

③ お客様情報を入力

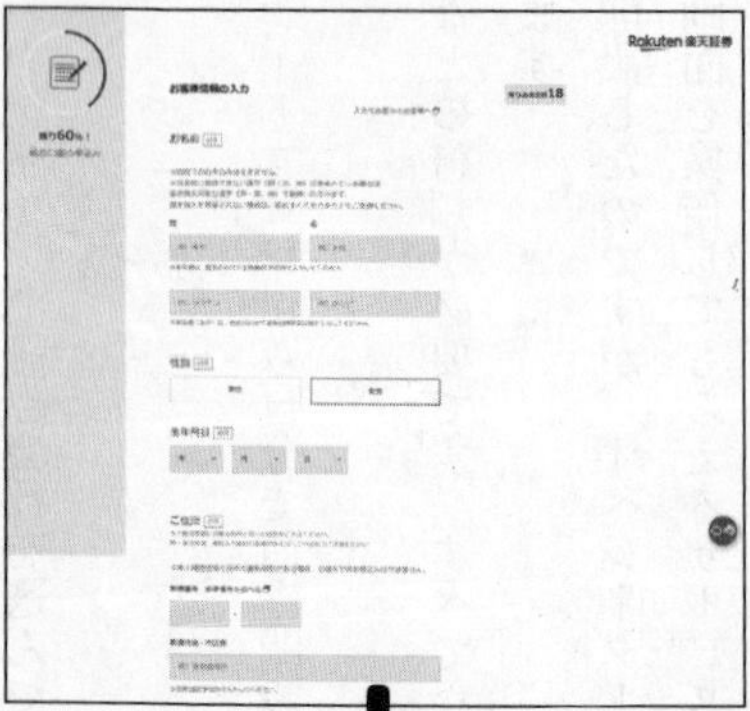

「納税方法の選択」の項目では「特定口座開設する（源泉徴収あり）」、「NISA口座の選択」では「開設する」がチェックされています。「追加サービスの選択」は必要ないものは「申し込まない」を選択してください。

内容確認後、重要事項に同意して申込完了。

↓

④ 翌営業日以降に「総合取引口座の開設が完了しました」と、ログインＩＤが記載されたメールが届きます。

※ 書面アップロードで本人確認を行なった場合、ログインＩＤ・パスワードが記載された書類が簡易書留で届きます。

↓

⑤ ログインして、初期設定をする

ログイン後、取引暗証番号を設定し、「口座開設の動機」「投資経験」などいくつか投資に関する質問に答え設定完了！

↓

⑥ マイナンバーを登録

楽天証券のスマホアプリ「iSPEED（アイスピード）」からアップロードできます。

↓

⑦ 入金して、取引スタート！

楽天銀行のほか、自分が利用している銀行のネットバンキングから入金できます。

株式投資で利益を得たら、確定申告！

株式投資で得た利益には20.315%の税金（所得税15.315%、住民税5%）がかかります。特定口座「源泉徴収あり」を選ぶと、証券会社がかわりに税金を納めてくれるので、こちらがおすすめです。年収が2000万以下で、株などの利益が20万円以下だと所得税が免除されます。その場合は確定申告をすれば払いすぎた税金が戻ってきます。

Point

楽天証券はページデザインもシンプルで見やすい！

 画像提供：楽天証券

ステップ2　口座にお金を入れてみよう

口座を開いたら、まず株を買うためのお金を入れます。

銀行口座と同じで、最初にいくら入れても構いません。株の売買をしなければ、口座に入れたお金は増えることも、なくなることもありません。株を押し売りされることもないので、買いたい銘柄がないときはそのままにしておいても大丈夫です。

私は、**不安な気持ちが大きいうちは、始めないほうがいい**と思います。

不安よりも期待のほうが上回ったときに始めないと、何を買おうとしても何を調べてもマイナスのことしか考えないからです。

「1週間後に下がっていたらどうしよう」ということしか頭に浮かばないのなら、全然楽しくないので、大丈夫だろう、できるだろう、という考えになったときにスタートしてほしいなと思います。

そして「やってみよう」という気持ちになったら、お金を入れるのです。

ステップ3　銘柄は自分の「好き」で選ぶ

次に、銘柄選びです。

投資はどこの銘柄を選ぶかですべてが決まるようなものです。これが分からなくて投資を始められない方もいるかもしれませんね。

私がオススメするのは、**自分の好きなジャンルの好きな会社を選ぶ方法**。それが一番楽しくできるからです。

今は株を自由に買える企業は3000社以上あります。証券取引所に上場している企業の株なら、基本的に、どの株でも買うことができます。

まずは好きな会社が上場しているか調べてみましょう。3000社以上あるので、一つくらいは自分のアンテナにひっかかる銘柄が見つかると思います。

証券会社のサイトや「会社四季報オンライン」などで会社名を検索すると、上場していればヒットします。

それぞれの銘柄の株価のところに「現在値」とあります。それがその銘柄の現在の価格です。

株価は毎日変わりますし、1日のなかでも揺れ動きます。揺れ動く株価の波に乗って、一番安い株価のところで買って、一番高くなったところで売るのが理想的です。

株価は銘柄によってさまざまです。数百円の銘柄もあれば、ユニクロのファーストリテイリングは、2023年3月に株式分割しても、株価は3万円台です。100株買うにしても、300万円ないといけないということですね。ユニクロの商品は安くても株価は高いので、そんな強気な会社があるのだと知るだけでも面白いです。

そうかと思えば、三菱ＵＦＪのような誰もが知っている会社の株価が1000円しないで買えたりします【図1】。まずはご自身の投資に使える金額に応じて銘柄を探していって下さい。

図1 1株1000円前後の銘柄

銘柄	どんな会社?	市場	取引値
ビーグリー (3981)	スマホ向け電子コミック 配信サービス 「まんが王国」を運営	東証プライム	1123円
日産自動車 (7201)	ゴーン前会長の逮捕にびっくり。 仏ルノーとの関係見直しを 模索中	東証プライム	524.1円
TSI ホールディングス (3608)	「ナノ・ユニバース」や「マーガレットハウエル」などのブランドを扱う大手アパレル企業	東証プライム	673円
ヴィレッジヴァンガードコーポレーション (2769)	「遊べる本屋」をキーワードに 書籍や雑貨等の複合小売店を 展開	東証スタンダード	1057円
アツギ (3529)	ストッキングや下着の 国内大手メーカー	東証プライム	415円
明光ネットワークジャパン (4668)	小中高向け個別指導の塾 「明光義塾」を展開	東証プライム	634円
パナソニックホールディングス (6752)	大手電機メーカー。 国内電機業界で3位	東証プライム	1441円
三菱UFJフィナンシャル・グループ (8306)	国内最大の金融グループ。 銀行、信託、証券などを 傘下に持つ	東証プライム	933.9円

(2023年5月現在)

投資するのは「使わなくても困らない金額」から

口座を開いたら、次はいくらぐらいのお金からスタートすればいいのか。

これは悩みどころですよね。

一つ言えるのは、「株はお金がないとできない」と考えている人もいますが、数百万円も必要なわけではありません。反対に、最初から大金を注ぎ込むのはオススメしません。株にはそれなりにリスクがありますから、慣れてから徐々に金額を増やしていったほうがいいでしょう。

最初は小さく始めるのがコツです。

「投資は無理のない範囲で」「株をやるなら余裕資金で」とよく言われますが、余ってるお金がある人なんて、そうそういません。

余っているお金ではなく、**「これから5年間くらいは使わなくても困らないだ**

ろうな」と思えるお金と考えてみたらどうでしょう。

金額の多い、少ないの感覚は人によって違います。それでも私は、**最低でも10万円からスタートしてもらいたいな、と思います。**

本当は、もっと少ない額でもスタートできます。2、3万円からでもできるでしょう。

ただ、2、3万円で買える銘柄はリスクが高いのです。

株は、銘柄ごとに100株単位で買うことになっています（いくつかのネット証券で、1株単位から取引できる「ミニ株」というサービスを提供しているところもあります）。

株価が1000円の場合、最低でも1000円×100株=10万円必要になります。

1株が200〜300円の株なら、100株買えば2万〜3万円になります。

ただ、株価が数百円の安い銘柄は手を出しやすいのですが、デイトレで取引されることが多いので値動きが激しく、1日のうちに乱高下することもよくあります。グングン上がるのを見て、つい追加で買いたくなるかもしれませんが、すぐにドンと下がることも少なくありません。

初心者がその値動きについていくのは難しいので、安い株は要注意です。

また、ある程度まとまった数の株を買っていないと、利益を出しづらいということもあります。

初心者に最適なのは、比較的株価が安定している1株1000円前後の株です。

そう考えると、最低でも10万円はあったほうがいいでしょう。

ただ、最近では、1株からでも買える証券会社も増えてきています。そういう証券会社であれば1000円前後で株式投資を始められるので、利益は少なくなりますが株取引に慣れる為に、まずは1株からスタートしてみるというのもひとつだと思います。

投資金額に上限はなく、あとからいくらでも増やすことはできます。

何かのスクールに通った勉強代だなと思えるくらいの金額でスタートするといいか

もしれません。

とりあえず何か行動を起こさないと何も起きないので、証券会社を選んで口座を開いて、第一歩を踏み出してみてください。

銘柄選びに困ったら

女性ならファッションやコスメ、スイーツのことならよく知っている人は多いでしょう。

たとえば、誰にでもお気に入りのコスメはあるはず。いろいろなメーカーの商品を試して、使い心地だけでなく、価格や成分を調べて比べてみますよね。

そして、「コスメはすべてここでそろえる」とか、「ファンデはここで、リップはこのメーカー」という具合に、数ある中から自分にぴったりのコスメを自然と選んでいるはずです。

それはリサーチしているのと一緒。その好きな会社の株を買えばいいのです。

いきなり「確実に利益が出る会社を選ぼう」と考えると、かえって選べなくなるので、最初のうちはあまり考えなくていいと思います。

好きな会社を応援するつもりで買いましょう。好きなアーティストや俳優さんを応援するのと同じです。

そんな感じで、好きな商品やサービスを提供している会社を探してみましょう。趣味でスポーツをやっているのなら、そのお気に入りの製品やウェアをつくっているメーカー、通っているスクール、そのスポーツの試合が行なわれているスタジアムなど、たくさんの会社が関わっているはずです。そこから銘柄を選べます。

「最近、引っ越ししたけれど、そのときの引っ越し屋さんが親切でよかったなあ」という体験も、銘柄選びに役立ちます。その引っ越し屋さんが上場しているのかを調べて、他の人の評判もよければ、買ってみてもいいかもしれません。

好きなジャンルのことなら、どの会社の商品がよく売れているとか、かわいいといったことも分かるし、新商品の情報も自然と目に留まります。何よりも、好きなジャンルや会社のことなら調べるのが楽しいので苦になりません！

ちなみに、私が好きなのはゲーム系。ゲームもやりたいし、新しいゲームがないかなと探しながら調べています。

株を買ったあとは、その会社の業績が伸びて株価が上がるようにと、ついついその会社を応援してしまいます。好きな会社のほうが素直に応援しやすいですし、株価が上がったときは嬉しさも格別です。

慣れてきたら、これから成長する分野、成長する会社を見つけて買うのも株の楽しみ方の一つ。それまでは、自分の好きなもの、興味があるものを基準に選ぶのがいいと思います。

株主優待で選ぶのもアリ！

どんな銘柄を選べばいいのか分からない。

そんな人にオススメなのが、株主優待制度です。

株を買ったら、誰でも「株主」になります。

一定数の株を持っている株主には、その会社の商品や商品券、割引券、チケットなどが贈られる「株主優待」という制度があります。ふるさと納税の返礼品みたいなものですね。

私自身は、株を買うときに株主優待をあまり重視していないのですが、それでも買おうかどうしようか迷っているときに、優待で背中を押されて買うことはあります。

美容関係はその会社のコスメや美容機器をもらえることが多いですし、モロゾフはチョコレートや優待券、CARTA HOLDINGSというネット広告関連の事業をしている会社では、デジタルギフト「デジコ」がもらえます。そういうのを聞くと、「株を買ってみようかな」と心動かされますよね。

なかには株主優待で生活をしている人もいます。

プロ将棋棋士の桐谷広人《きりたにひろと》さんは、テレビにも出演されているので、ご存知の方も多いと思います。

私も何回か対談やイベントでご一緒させていただいているのですが、桐谷さんは家賃と光熱費以外は、すべて株主優待を使って生活されているそうです。

食料品も洋服も下着も靴もすべて、優待でもらったものばかり。昔、テレビで芸人さんが懸賞品だけで生活するという企画がありましたが、あんな感じだと思います。

優待では商品券ももらえるのですが、使用期限をすべて把握して、期限内に使いきるために、自転車で都内を走り回っているそうです。私も桐谷さんが自転車で走り抜けていく姿を、街で何回か見かけたことがあります（笑）。

桐谷さんによると、優待株のいいところは少額の投資でも優待が受けられるところなのだそう。会社にもよりますが、100株持っていると受けられる優待と1000

株で受けられる優待は、それほど変わらないことが多いといいます。

だから、いろんな会社の株を100株ずつ買って、たくさん優待品をもらうということもできるのです。

ただし、すべての会社で優待制度があるわけではありません。

買える銘柄の約3分の1、大体1500銘柄程度なので、その中からよさそうなものを探してみてください。優待制度のある会社は、会社のホームページのIR情報（企業が株主に向けて株主優待制度のほか、経営、財務状況などの情報を提供する活動のこと）のコーナーで紹介しています。

女性は懸賞品を当てるのが好きな方が多いので、優待のほうが入りやすいかもしれません。私の母も、桐谷さんの本を読んで「買ってみようかしら」と言っていました。

注意が必要なのは、優待を受けるためには必要な株数と優待の権利を確定する日が決められていること。持っている株が必要な数より少なかったり、権利確定日前に株を手放してしまったりすると優待を受けられなくなります【図2】。

また、優待権利確定日の前は優待目当ての人が株を買うので、急に株価が上がり、確定日のあとは売られて急下落することがあることを知っておいたほうがいいかもしれません。高いときに買うより、安いときに買うほうがいいという点は変わりませんので、買うのなら早めに買ったほうがいいと思います。

株には、優待の他に配当金があります。

配当金は会社の利益が出たときに、出資してくれた額に応じて株主に還元する仕組みです。ですので、業績が悪い会社は出せませんし、ベンチャー企業も設備投資にお金を回すために出さないことが多いです。

私は普段買い物をするときもできるだけ安いものを探したり、節約志向なので配当金に執着しそうなタイプなのですが、たまたまついていたら嬉しいなと思うくらいで、あまりそれ目当てで株は探しません。

ちなみに**配当金のことを「インカムゲイン」**と呼び、配当金や株主優待で利益を得ることを「草食系投資」、**安く買って高く売ることで得る利益を「キャピタ**

図2 株主優待を受けたかったら

※土日をはさむ場合、
非営業日なのでカウントしません

図3 どんな株主優待があるの？

銘柄	どんな会社？	株数	権利確定月	優待内容
ヤーマン（6630）	美顔器や美容機器の製造販売を行なうメーカー	100株〜	4月	自社商品セット等（5000円相当〜）
クリエイト・レストランツ・ホールディングス（3387）	「磯丸水産」「しゃぶ菜」を展開する企業	100株	2、8月	食事優待券（2000円〜）
ヤマダホールディングス（9831）	ヤマダデンキを中心とする企業グループの持ち株会社	100株	3、9月	買物優待券（500円〜）
タマホーム（1419）	戸建て住宅の販売、不動産分譲、分譲マンションの販売を行なう	100株	5、11月	クオカード（500円〜）
三越伊勢丹ホールディングス（3099）	新宿伊勢丹など百貨店を展開する企業グループの持ち株会社	100株〜	3、9月	買い物10%割引カード
イオンモール（8905）	ショッピングセンターやファッションビル「OPA」を運営する企業	100株	2月	イオンギフトカード（3000円〜）
ビジョナリーホールディングス（9263）	「メガネスーパー」などを展開する企業	100株	3月	グループ店舗で使える割引券（5000円〜）
ヴィレッジヴァンガードコーポレーション（2769）	書籍、CD、雑貨などの複合小売店を展開する企業	100株	11月	買物優待券（10,000円〜）

（2023年5月現在）

ルゲイン」と呼び、その投資スタイルを「肉食系投資」と言います。

桐谷さんはよく「自分は農業」で、私のことを「狩りをする肉食系」と言うんです(笑)。

Column 01

株の売買のときに使う株用語

株の専門用語を知らなくても売り買いはできますし、「1000円で買った／売った」と言ってもいいのですが、「1000円で指値《さしね》注文を出し、約定《やくじょう》した」と言うと、プロっぽく聞こえるかもしれません（笑）。そこで、株の売買で必要になる最低限の用語を集めてみました。

・**銘柄**
証券取引所に上場している株式の企業名のこと。

・**証券（銘柄）コード**
上場企業に割り振られている4桁の番号。

・日経平均株価

日本の株式市場の大きな動きを把握する代表的な指標の一つ。日本経済新聞社が、東証プライム上場銘柄から、日本を代表する225銘柄をもとに計算します。

・買い注文／売り注文

証券会社から「株を買う」と注文することを「買い注文」、「株を売る」と注文することを「売り注文」といいます。

・始値《はじめね》

ある期間で最初についた価格のこと。寄付《よりつき》とも呼ばれます。

・終値《おわりね》

その期間で最後についた価格のこと。

・**高値《たかね》／安値《やすね》**

ある期間の中で一番高い値段のことを「高値」、一番安い値段のことを「安値」といいます。

・**前場《ぜんば》／後場《ごば》**

証券取引所の取引時間帯のことで、前場は午前9時から11時半、後場は取引所によって若干異なりますが、東京証券取引所の場合は、午後12時半から15時の取引のことをいいます。

・**指値《さしね》**

売買値段を指定する注文方法。買い注文の場合、指値以下の株価、売り注文の場合、指値以上の株価にならなければ注文が成立しません。

・**成行《なりゆき》**

売買値段を指定しない注文方法。成行売り注文をした場合は、そのときに一番高く買い注文をしていた人と売買が成立し、成行買い注文をした場合は、そのとき一番安く売り注文をしていた人と売買が成立します。

・**約定《やくじょう》**

株取引の売買が成立すること。株取引の場合、注文してもそれにこたえる投資家がいないと取引が成立しません。買いたい人と売りたい人の条件が合致してはじめて取引が成立します。

・**損切《そんぎ》り**

株価が値下がりし、買った株価より安く売って、損失を確定すること。ロスカットともいいます。

・**利益確定（利確《りかく》）**

保有している株式を売り利益を確定させること。「利確」と略したり、「利食《りぐ》い」ともいいます。

図4 NISAのメリット・デメリット

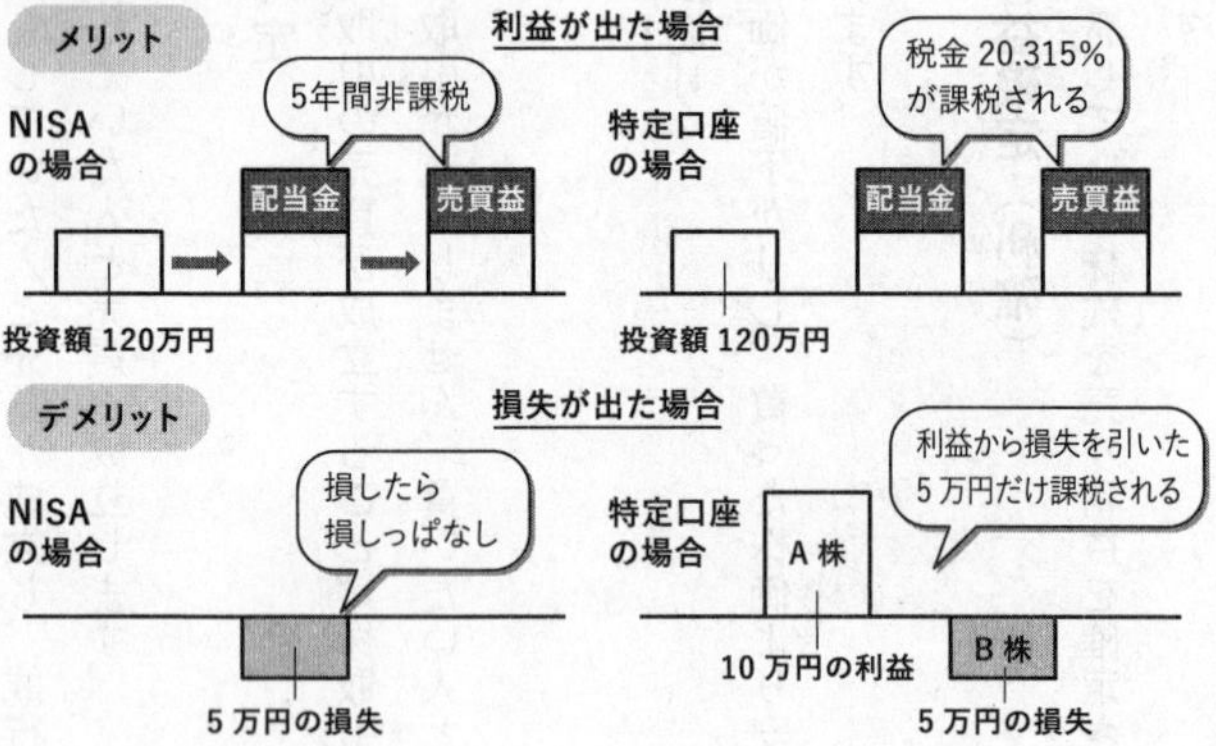

・**含《ふく》み損《ぞん》**

保有する株式が買ったときより値下がりした場合、その差額のこと。

・**NISA《ニーサ》（少額投資非課税制度）**

毎年120万円までの投資で、株式売買や配当金などで得られた利益が最長5年間、非課税になること。たとえば120万円で1億円の利益を得ても「非課税」になります。しかし、損失が出た場合、ほかの口座の利益と損失を相殺《そうさい》することができません。たとえば、特定口座で10万円の利益、NISA口座で5万円の損失があった場合、10万円の利益に税金がかかり、納税額が約2万円になります。しかし、特定口座にあるA株が10万円の利益、B株が5万円の損失が出た場合、利益と損失が相殺され、税金がかかるのは5万円で、納税額は約1万円ですみます【図4】。また、特定口座の損失は確定申告により最長3年間、翌年に繰り越して控除することも可能です。長くなりましたが、NISA口座で買う株は、一般的に配当利回りが良かったり、中長期で見て5年間で成長するような会社の株を買うのがおすすめです。

このように、使い方によってかなりお得なサービスですが、2024年1月からは、NISAの内容がさらに拡充されます。証券会社のホームページなどでぜひご確認ください。

Chapter

03

知っておくと差がつく！売買テクニック

初心者でもできる、チャートの見方

株式投資で銘柄選びの次に難しいのが、株を買う&売るタイミング。株の買いどき&売りどきをはかるときに見るのが「チャート」と呼ばれるグラフです。

株関係の単語は、難しい言葉が多いですし、専門用語もホント多いのですが、すべてを知らなくてもできるので、安心してください。普通に、「折れ線グラフ」とか「棒グラフ」と呼んでも大丈夫です。

チャートの上に出ている折れ線グラフは株価の動きを表わしていて、横軸が時間、縦軸が株価を示しています。

グラフの線は小刻みに上がったり下がったりしています。これは、その銘柄を買ったり売ったりする人の数で変わっていきます。この上がり下がりにいつもドキドキです！

その下に棒グラフがあって、これは「出来高《できだか》」といいます。

出来高は、その銘柄の売買がいくつ成立したかを表わしています。株は、誰か売りたい人がいて、買いたい人がいるから売買が成立します。欲しくても誰も売らなければ株を買えないのですね。逆に、売りたくても買いたい人がいなければ売れません。この売りと買いが1セットで、一つの出来高が成立します。

売りたい人と、買いたい人が大勢出てくると、棒グラフはグングン伸びていきます。これは人気がある銘柄だということです。反対に、棒グラフがずっと伸びないままなら、その銘柄はほとんど注目されていません。

株価が低くても、出来高が上がってくると、みんなが注目し始めたというサインになります。ニュースなどによって投資家の注目が集まり、出来高が増えるとともに、株価もそれにあわせて上がっていきます【図5】。

出来高は株価に先行すると言われています。

下落していた株価が、出来高が急に増えると、株価がそこから持ち直していくことがあるのです。反対に、上昇していた株価が、出来高が急に減るとどんどん落ちてい

図5「チャート」と「出来高」

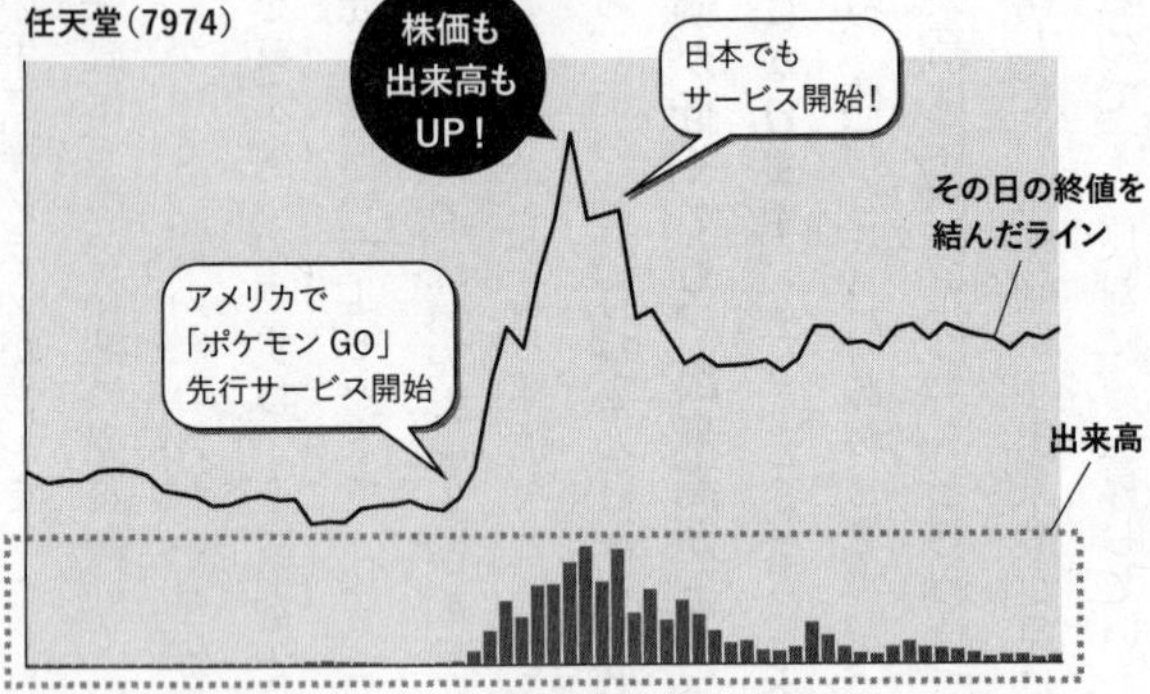

くこともあります。

ですので、株価の動きだけではなく、出来高の動きも注目したほうがいいのです。

投資のプロたちが意図的に取引量を増やしていることもあるので、まさに心理戦です。

「どうして急に上がったんだろう？　下がったんだろう？」と推測しながら、このタイミングで売ったほうがいいのか買ったほうがいいのか、もう少し待ったほうがいいのか……などを考えます。

たまに、出来高がググググッと上がっていって、「うわ、これ買いだ！」と誘惑されるようなきれいなチャートがあります。その誘惑に負けて買ったら、とたんに株価が下がることもあり……。プロの投資家が、人気がある銘柄のように見せかけているということですね。そういうのも何回か体験しているうちに、引っかからないようになっていきます。

売り買いのタイミングは？

初心者のころは、「チャート」と「出来高」を見るだけで充分です。

理想的なのは、**株価と出来高が上がり始めたタイミングで買い、その2つがピークになった段階で売ること。**買いが優勢なのか、売りが優勢なのかを見て、売りが優勢になっているときには買わないほうがいいでしょう。

・出来高が増えて、株価が上がったときは買いたい人が多い＝買いが優勢
・出来高が増えて、株価が下がったら売りたい人が多い＝売りが優勢

となります【図6】。

このチャートはその日だけではなく、1週間分のチャートや、過去半年分や1年分、3年、5年、10年分のチャートの動きを見られるようになっています。

その日だけや、ここ1年間の動きだけでは、その会社の実態はそれほど分かりませ

図6 売り買いのタイミングは?

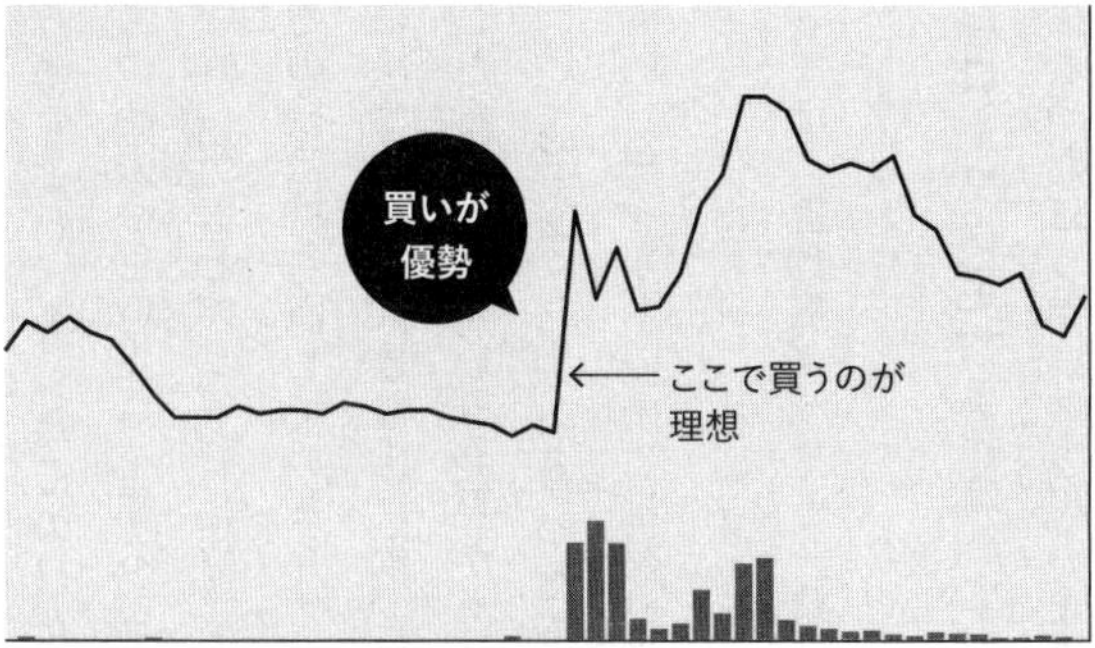

出来高が増えて、株価が上がっているとき

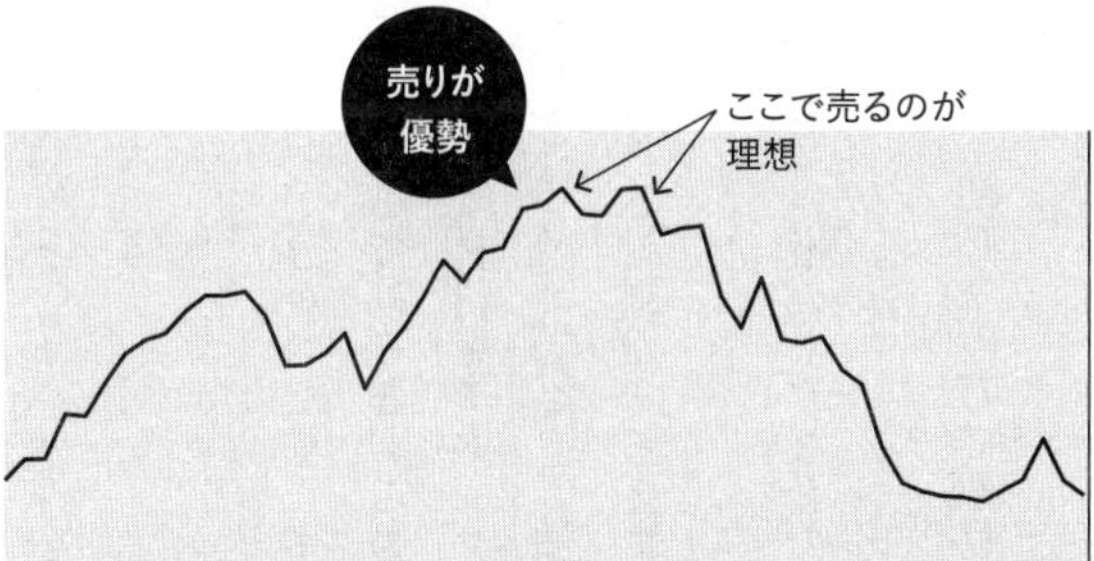

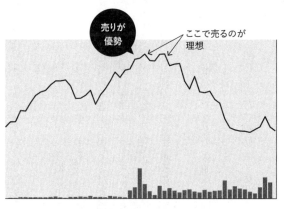

出来高が増えて、株価が下がっているとき

ん。人もそうですよね。会ったその日だけで、その人がどんな人なのかは分かりません。その人の過去や生い立ちを知ると、その人が見えてきます。

10年ぐらい遡《さかのぼ》ると、「この会社は毎年夏になると業績が上がるな」「冬には下がるけれど、その後は持ち直しているな」というパターンが分かったりします。

5年前にチャートが大きな山になっているので、調べてみると、このときは新商品がヒットしたんだな、という発見があったり。そういう材料をチェックしていると、「この会社はこのタイミングで買ったらよさそう」という読みが磨かれていきます。

このように、チャートの中には初心者でも調べられる材料がそろえてあるのです。

チャートには、折れ線グラフと一緒に赤と青の細長い帯のようなものが並んでいます。

これは「ローソク足」と呼ばれているのですが、初心者の方でもローソク足は分かるようになったほうがいいと思います【図7】。

図7 ローソク足の見方

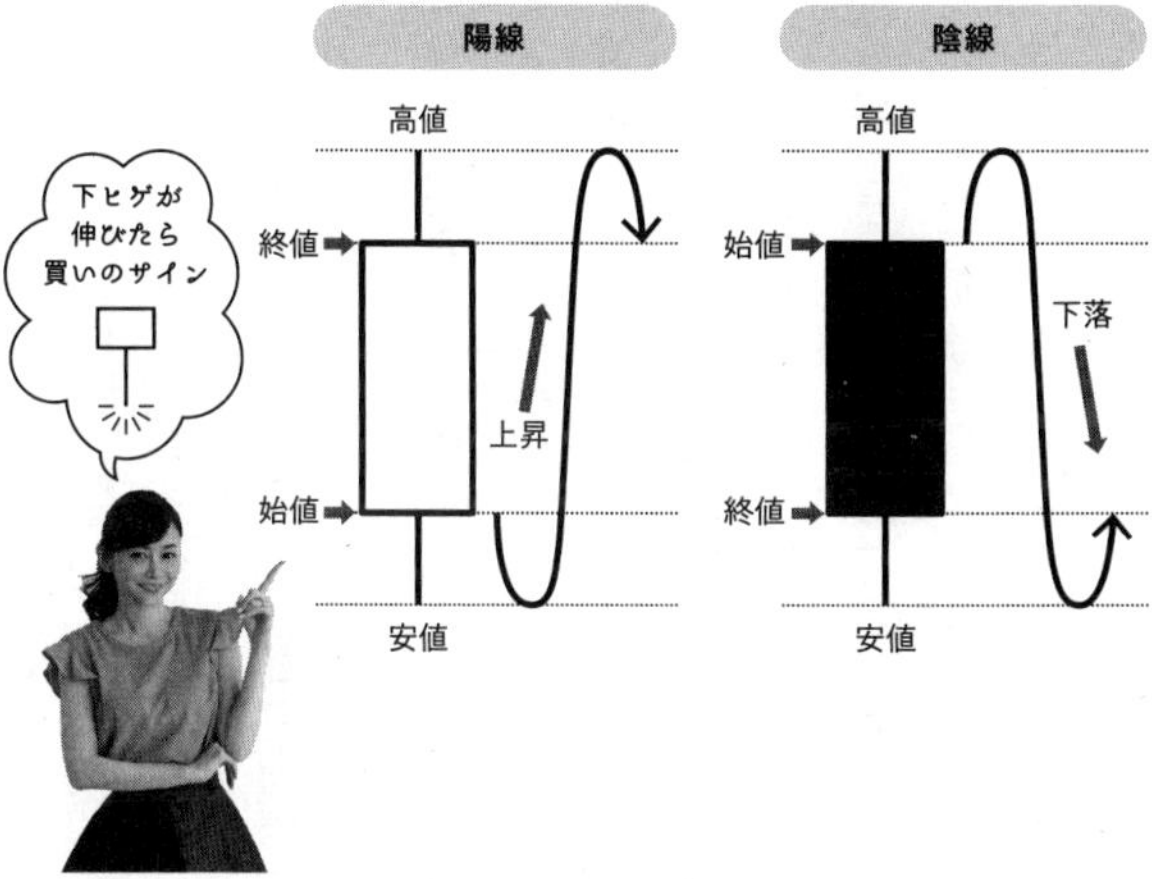

図8 ゴールデンクロス

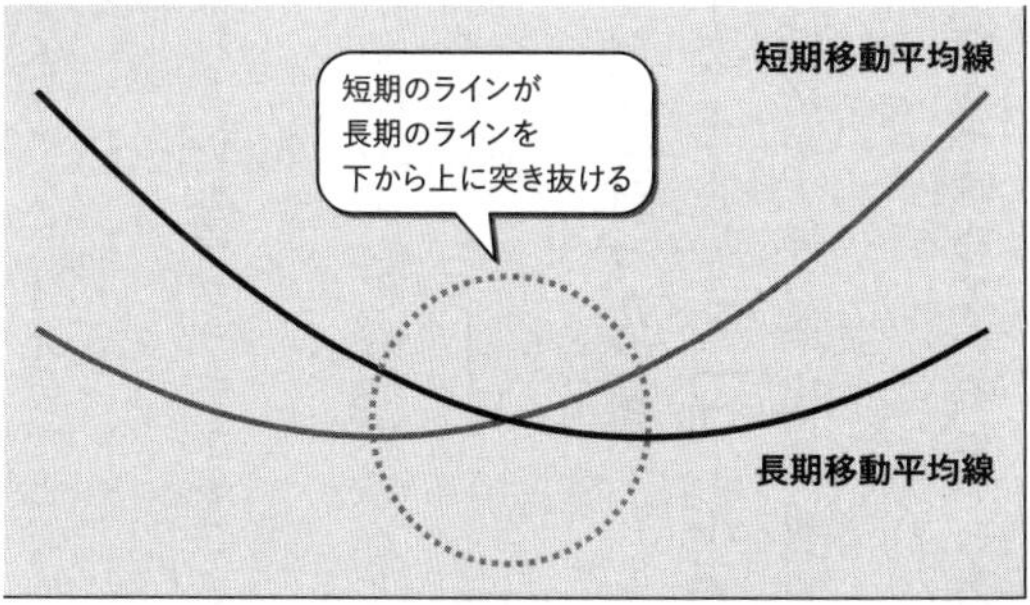

チャートを見れば「今、上がり傾向だな」とか「下がってきてるな」くらいは分かります。そこからスタートして、だんだんと理解できるようになれば充分だと思います。

ローソク足が並んでいる表に、**「移動平均線」**と呼ばれる折れ線グラフが表わされています。

これは一定期間の平均価格を線でつないだグラフで、2本あるときも3本あるときもあります。それぞれの線は5日、25日、75日の平均価格の動きを表わしていることが多いです。

ここで見るポイントは、**短期のラインと長期のラインが交わったとき**。

短期のラインが長期のラインを下から上へとクロスするポイントを**「ゴールデンクロス」**と呼びます【図8】。ここで買うと、その後の価格が上昇しやすい、買いシグナルだと言われています。

「ゴールデンクロスになったらチャンス！」くらいの気持ちで眺めていればいいと思います。

買う前に「板」もチェック

「チャート」と「出来高」のほかに「板《いた》」の情報も大切です。**板は価格ごとに買い注文と売り注文が一目で分かる一覧表です【図9】**。ネット証券では注文画面に表示されて、他の人たちがいくらで指値を設定しているのかがすぐに分かります。それを見ながら、「この銘柄を売りたい人が、買いたい人よりも多いな。もしかしたら、株価が下がるかも」という感じで判断するのです。逆に、買いたい人が売りたい人より多ければ、株価が上がると予測できます。

買う銘柄やチャート、板を確認したらいよいよ注文です。

注文方法には、自分で買いたい金額を決めて、その金額を指定して買う「指値《さしね》」と、いくらでもいいから買いたいというときに使う「成行《なりゆき》」があります。私はちょっとでも安く買いたいので（笑）、2円とか3円とか安く「指値」で注文を出します。

「成行」は「指値」注文より先に優先され、取引が成立したあとでないと、いくらの値段で売買できたのかが自分にも分かりません。思いのほか高値で買うことになってしまうことがあるので、「指値」で納得のいった値段で買います。

たとえば「今1200円の株が、1000円になったら買いたい」、売るときも同じで「今1000円の株が1200円になったら売りたい」と決めるのです。

自分が決めた指値にならないと注文は成立しません。だから1日中パソコンやスマホで株価を気にしなくて大丈夫。目を離しても安心です。

しかし、「指値」で注文しても、その金額では買えないこともあります。たとえば、出来高の少ない銘柄の場合、500円で100株の買い注文を出したとして、500円の売り注文が少なかった時など、先に注文した人は買えますが、あとから注文した人は買えません。

株価は秒単位で変動しているので、値動きの激しい銘柄の場合などは、「あっ、1200円になったから、売ろう！」とポチッとボタンを押す数秒から数十秒間の間に株価が下がったら、「えっ、1000円!? ウソ、利益が出ない……これじゃ売れな

図9 板の見方

売数量	値段	買数量
	成行	
357,000	OVER	
9,600	729	
12,100	728	
900	727	
5,500	726	
27,200	725	
20,700	724	
26,500	723	
4,700	722	
4,800	721	
1,000	720	
	718	3,000
	717	12,200
	716	45,900
	715	9,400
	714	15,700
	713	18,000
	712	2,400
	711	17,000
	710	4,700
	709	1,400
	UNDER	243,000

売りたい人

718円で3000株の
買い注文が出されている

720円で1000株が
売りに出されている

買いたい人

板は朝8時頃から
動き始め、
相場が開く9時になると
動きも活発に

株の買い注文の出し方

① 買いたい銘柄を検索

検索

トップページから会社名（銘柄名）を入力して検索します。会社に振られている4桁の番号は証券コードといって、上場している企業すべてに割り当てられた識別番号のことです。

② 現物取引の「買い注文」をクリック

クリック

現物取引の「買い注文」をクリックし、注文画面へいきます。買うタイミングは「板」と呼ばれる、買いと売りの注文数が価格ごとにわかる一覧表をチェックしましょう。

売数量	値段	買数量
	成行	
3,775,600	OVER	
26,600	972	
18,000	971	
63,700	970	
319,900	969	
294,500	968	
250,000	967	
260,300	966	
121,900	965	
71,800	964	
85,700	963	
	961	52,100
	960	222,100
	959	95,900
	958	163,100
	957	139,400
	956	270,800
	955	306,100
	954	337,500
	953	39,300
	952	23,900
	UNDER	1,225,300

Point
売りたい人よりも、
買いたい人の数が
多いときを狙うのが
ポイント

③ 注文の条件を入力！

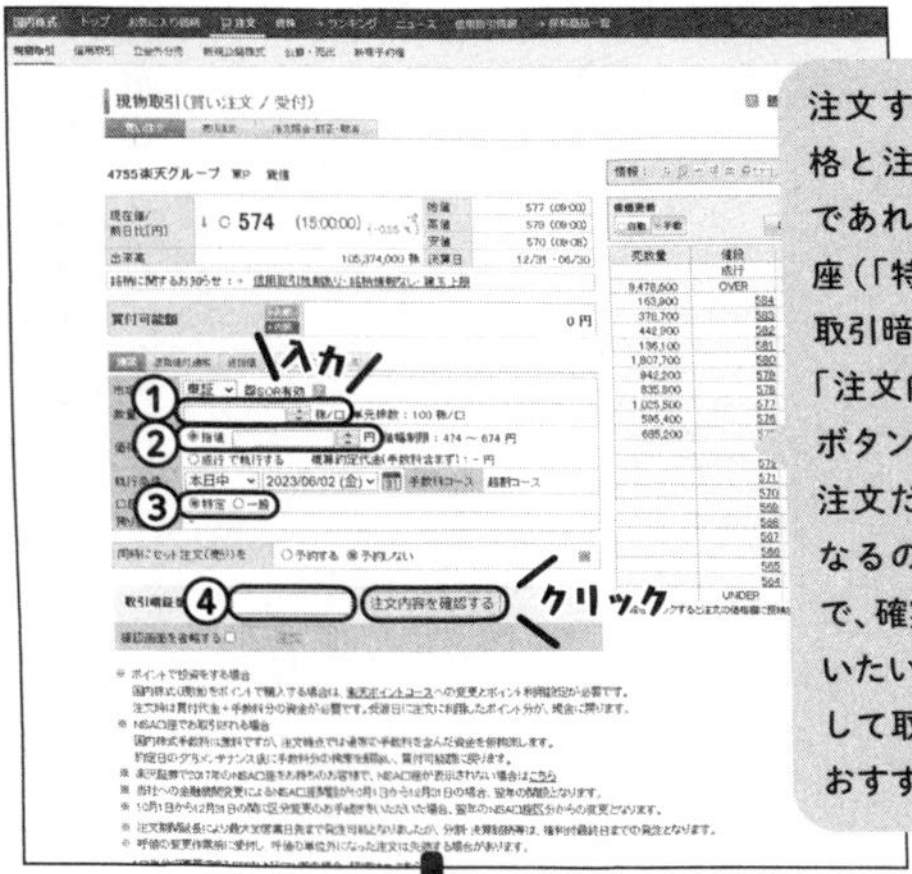

注文する①株数、②価格と注文方法(「指値」であれば価格も)、③口座(「特定」を選択)、④取引暗証番号を入力し、「注文内容を確認する」ボタンをクリック。成行注文だとどんな値段になるのか分からないので、確実にこの値段で買いたい人は、値段を指定して取引する「指値」がおすすめ。

④ 間違いがないか確認して注文

いったん確定すると、キャンセルはできないので慎重にチェックして。1桁間違うだけで10倍以上違ってきます！

 画像提供：楽天証券

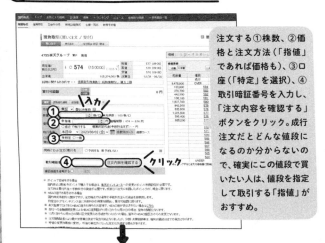

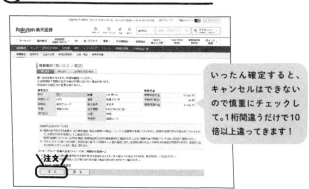

いじゃない……」という結果になることもあります。

その逆に、買うときも自分で買いたかった値段以上の株価になる場合もあるのです。

初心者にオススメなのは日経225

好きなジャンルや会社の株を買いたくても、それでもやっぱり失敗したら怖いと思う方もいるかもしれません。

株では慎重さが大事なので、何も調べずに「えいや！」と買ってしまう人より、慎重な人のほうが成功すると思います。

そういう方にオススメなのは、**「日経225」**に入っているような有名な企業の銘柄です【図10】。

日経225は、「日経平均株価」を算出する元となっている銘柄のこと。具体的には、トヨタ自動車やキヤノンなどのような日本を代表する大企業の中から、選ばれた225銘柄です。

私がオススメする理由は、**倒産や上場廃止になってゼロになる可能性が低いか**

らです。

大企業でも倒産することはありますが、本当によほどのことがない限りは国が救済するので、落ち着いて見ていられます。

ときどき、カルロス・ゴーン元会長が逮捕されるような思いがけないこともおきます。このときは株価は徐々に下がりましたが、すぐ持ち直しているので、長期的に持っていてもゼロになることはないでしょう。日経225は長い期間で売買していくのに適した銘柄が多いと実感しています。

値動きが激しくないので、焦って買う・売るということもほとんどありません。

日経225の株を持ってみると、「株は怖い」という見方が変わると思います。自分の好きなジャンルの株と、日経225の株とを分散して持っておくと、安定・安心を感じられるかもしれません。

ちなみに、私が最初に買った東京ドームも日経225の銘柄でした。

でも、それは偶然で、株をスタートしたときは日経225はおろか、東証一部、二

図10 日経225に入る会社は？

日経の業種分類	主な銘柄
水産	ニッスイ
鉱業	INPEX
建設	大林組、大成建設、積水ハウス、大和ハウス工業など
食品	日本ハム、キリンホールディングス、日本たばこ産業など
繊維	東レ、帝人
パルプ・紙	王子ホールディングス、日本製紙
化学	花王、資生堂、富士フイルムホールディングス、旭化成など
医薬品	塩野義製薬、アステラス製薬、第一三共、エーザイなど
石油	ENEOSホールディングス、出光興産
ゴム	横浜ゴム、ブリヂストン
窯業	TOTO、AGC、日本板硝子、東海カーボン、日本碍子など
鉄鋼	日本製鉄、JFE ホールディングス、神戸製鋼所、大平洋金属
非鉄金属製品	古河電気工業、住友金属鉱山、三菱マテリアルなど
機械	オークマ、小松製作所、ダイキン工業、ジェイテクトなど
電気機器	ソニーグループ、京セラ、パナソニックホールディングスなど
造船	三井 E&S、川崎重工業
自動車	トヨタ自動車、ヤマハ発動機、本田技研工業、いすゞ自動車など
精密機器	テルモ、オリンパス、ニコン、シチズン時計など
その他製造	ヤマハ、凸版印刷、大日本印刷など
商社	三井物産、丸紅、住友商事、伊藤忠商事、三菱商事など
小売業	ファーストリテイリング、丸井グループ、高島屋など
銀行	三井住友フィナンシャルグループ、あおぞら銀行など
証券	野村ホールディングス、大和証券グループ本社、松井証券
保険	東京海上ホールディングス、第一生命ホールディングスなど
その他金融	クレディセゾンなど
不動産	三菱地所、住友不動産、三井不動産など
鉄道・バス	小田急電鉄、東急、東武鉄道、西日本旅客鉄道など
陸運	ヤマトホールディングス、NIPPON EXPRESSホールディングス
海運	商船三井、日本郵船、川崎汽船
空運	ANA ホールディングス、日本航空
倉庫	三菱倉庫
通信	ソフトバンクグループ、日本電信電話、エヌ・ティ・ティデータなど
電力	関西電力、中部電力、東京電力ホールディングス
ガス	大阪ガス、東京ガス
サービス	日本郵政、電通グループ、セコム、楽天グループなど

（2023 年 5 月現在）

部もマザーズもよく分かっていませんでした。

たまたま買ったのが東京ドームでラッキーだったのですが、あとから冷静に考えると、そこは意外と重要だなと思いました。

株はスタートがいいと絶対ハマると思うので、スタートはなるべく危険をおかさず、いい企業を選んでほしいです。

Column 02

証券について

株は証券会社を通して、証券取引所に売り買いの注文を出します。

日本には東京証券取引所（東証）、名古屋証券取引所（名証）、福岡証券取引所（福証）、札幌証券取引所（札証）の4つの証券取引所があります。

その中で、最大規模なのが東証。残りの3つは小規模なので、私たちが取引をするのは99％が東証に上場している銘柄になります。

東証には、プライム、スタンダード、グロースという3つの市場があります。

プライムには大企業、スタンダードは中堅、グロースには新興企業やベンチャー企業が上場しています。日経225は東証プライムの会社ばかりです。

プライムの企業は大きくて、業績も安定しているので、株価もそれほど急激に変動しません。短期間で大きくプラスになることはなかなかありませんが、大きくマイナスになることも少ないです。初心者が買っても比較的安心感がある銘柄がそろっています。

グロースの銘柄は、比較的少額で買うことができます。ベンチャー企業が急成長すれば、株価も短期間に2、3倍に跳ね上がる楽しみがあります。

反対に、業績が不安定だと株価も不安定になるリスクがありますから、注意が必要なので、始めたばかりの初心者にはやや不向きかな、と思います。

これらの市場の名前は、テレビのニュースの最後で「今日の為替《かわせ》、株式取引です」と紹介されるので、聞いたことがあるでしょう。その意味が分かるだけで、ニュースの見方もちょっと変わります。

銘柄に「恋」をする

株の世界では「銘柄に惚《ほ》れるな」という格言があります。

でも、私はよく銘柄に「恋」をしてしまいます。調べているうちに、その会社や商品のファンになってしまうのですね。

それゆえに、手放す時機なのに手放せなくなってしまうこともあります。

そんな小さな失敗もしょっちゅうしているのですが、それでも**銘柄に思い入れを持つのは大事**だと思います。

私はいろんなものに対してご縁を感じるタイプです。たとえば、イベントに呼んでいただいた企業さんとはきっとご縁があるのだと思って、その後も業績をチェックしたり、商品の情報を調べます。新商品を発売するというニュースを知って、株を買わせていただくこともあるのです。

そのときは、「イベントに呼んでいただいたのは、この会社の株を買いなさいというお告げだったのかもしれないな」と勝手に結び付けて感謝していたりします。

そうやって一人で盛り上がれるので、思い入れはあっていいと思います。

それに、思い入れが何もない会社の株を買ってもつまらないですよね。

以前、経済コラムニストの大江《おおえ》英樹《ひでき》さんと株についての対談をしたことがあるのですが、ウォーレン・バフェットは自分が知っている物しか買わないと仰っていました。

以前は、買っているのはジョンソン・エンド・ジョンソンとか、コカ・コーラとか、昔からある企業の株だけで、グーグルやアップル、マイクロソフトといったＩＴ銘柄は全然買ってなかったそうです。

私はバフェットほど利益を上げていませんが、その考え方にはとても共感します。

大切なお金を使うのですから、思い入れがある銘柄でないと、慎重になれないと思うのです。毎年のように注目銘柄ランキングは出ますが、「プロがいいと言ってるのなら、買ってみよう」という程度の気持ちしかないと、判断を誤ってしまいそうです。

思い入れがないと短期の業績だけを見て投資して、業績が悪くなったら撤退して、ただお金を右から左に動かしているだけのような感じになってしまう気がします。

そういう投資は落ち着きませんし、何より楽しめません。私は芸能界にいるので、会社に就職したこともないし、一般企業の中身を味わうことができない職業にいます。ですので、**これから応援したい企業や、これから伸びるなと思う企業を見つけ、実際その企業が大きくなっていくところを見ると、自分もその企業の一員になった気分になれて楽しいのです。**

投資を長く続けるには、「楽しむ」というのは大切なポイントだと思うのです。

Column 03

IPOと分割株

最初は日経225のような大企業の株からスタートするほうが安全ですが、慣れてきたらこれから伸びる企業をいち早く見つけるのも株の楽しみの一つです。

女性は、たとえばアイドルグループやスポーツ選手など、無名のころから誰かのファンになって、応援して成長していくのを見るのが好きだと思います。私はゲームでそれを何度も経験しています。

株を始めて4~5年経ったくらいから、上場したばかりの企業に注目するようになりました。

新規に公開する株をIPO《アイピーオー》と呼びます。IPOは人気があるので、たいてい最初は抽選で株を買う人が選ばれます。この抽選に当選すれば、8割近い確率で公募価格より上昇すると言われているので応募してみるのは良いと思います。ただ、公開と同時に抽選で買った人が売り抜けてしまうことが多いので、そこで株価は一度、凹《へこ》みやすいので売りの際の参考にしてください。

激しい値動きが落ち着いてから買うのはいいのですが、焦って買ったり売ったりすると損になるので、その流れに巻き込まれないようにしないといけません。

（上がる確率が高いという理由で）初心者にはＩＰＯが向いているという人もいますが、私はある程度経験を積んで、いろいろな判断ができるようになってからのほうがいいんじゃないかと思います。

公開前の株価より、初値《はつね》（上場日につく株価）が高くなることは多いでしょう。それでも、ソフトバンクが東証一部に上場したときには公開価格より初値のほうが下回るなど、何が起きるのか分からないのが株の世界です。

ＩＰＯは過去の取引データもないので、判断が難しいのです。

その企業が上場して安定してから買うのでも、全然遅くありませんよ。

ちなみに、私が好きなのは分割株です【図11】。

会社が大きくなって株価が上がっていくと、簡単には買えなくなります。そこで、１株

図11 分割株って？

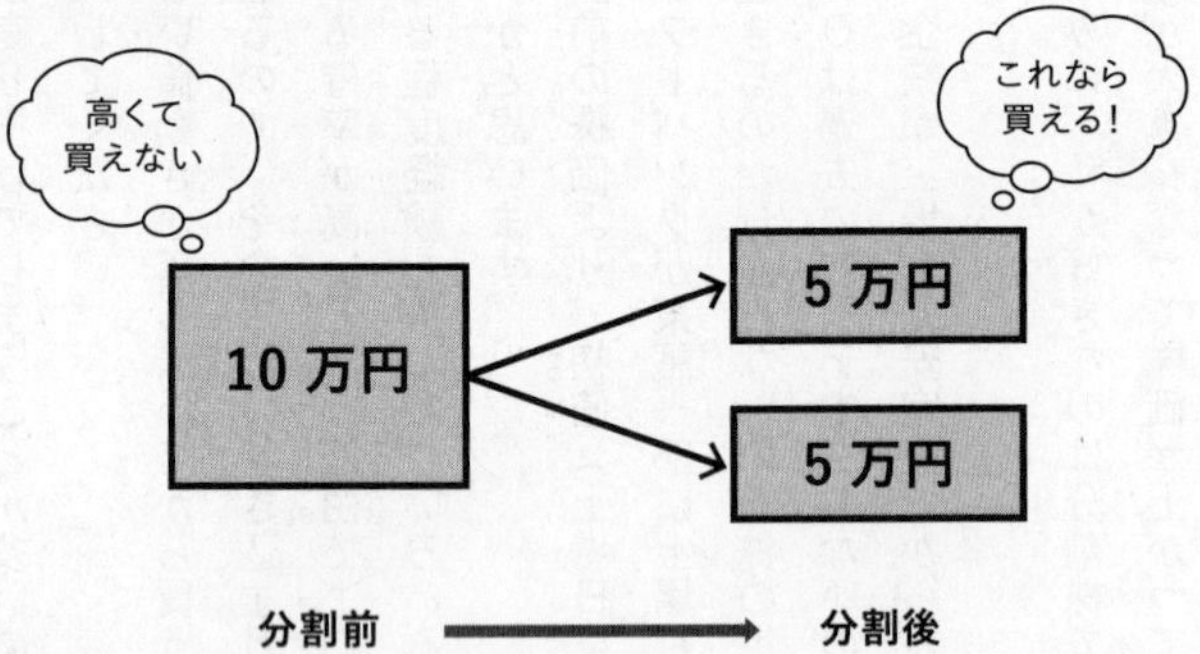

を小さく分割して数を増やすことで株価を下げる方法が「株式分割」です。

なかには、株価が数万円になっても強気で分割しない会社もあります。そういう会社は、「お金を持っている人が投資してくれればいい」という考えなのでしょうね。

分割する銘柄は、私が見ている限りでは、株式分割が発表されるとかなりの確率で上がる傾向があります。しかし、分割する日の少し前から下がっていったり、分割後もさらに下がるということもあります。ですので、その前に売り抜けるタイミングを見極められれば、利益を出しやすいです。

また、分割の発表をしたからといって、株価が上がらない場合もあります。

多くの場合、株式分割は株価上昇のチャンスのひとつではあるのですが、売買のタイミングにちょっと注意が必要です。リスクを考えると、初心者の
の株価の動きをいくつか見たりして、株取引にも慣れてきて、資金に余際に分割する銘柄
れたら、
チャレンジしてみてはいかがでしょうか。

ライバルはウォール街の証券マン!?

株で勝った、負けたと言われますが、「何と勝負をしているんだろう」と思いませんか？

株は、すべての人が儲かるということはありません。誰かが儲けたら、その裏で損をしている人が必ずいます。そういう意味では儲けたら勝ち、損したら負けです。

私は勝ち負けではなく、自分の生活をサポートするような投資を提案したいので す。男性は勝ち負けの勝負が好きなのでピンとこないかもしれませんが、女性は勝負よりも安定・安心を手に入れるのが一番じゃないでしょうか。

「ちょっとずつ」「コツコツ」と、地味目なことしか言えないのです（笑）。

それでも知っておいてほしいのは、**日本の株価と世界の動きは[illegible]る**
ので、私たちが相手にしているのは国内だけではな[illegible]

ニュースの最後に株価や為替の値動きを紹介しますよね。株を始めたばかりのころは、「なんでニューヨークの市場を紹介するんだろう?」と思っていたのですが、ニューヨーク市場の動きは日本の株価に直結しているのです。

世界で株を買っているほとんどが外国人の投資家で、日本の株も買われています。外国人の投資家は自分の国の情勢が悪くなると、すぐに取引をやめてしまうので、株価が急に下がることもあります。ですので、アメリカの投資家たちがどうするのかを見ないと、個人投資家はすぐに損してしまうのです。

ウォール街で働く一流証券マンと同じ土俵で戦っているのだと、私はいつも自分に言い聞かせています。

私はウォール街で働く人たちを扱った、アメリカの映画やドラマを観るのが好きです。

たとえば、レオナルド・ディカプリオさんが出演する『ウルフ・オブ・ウォールストリート』(2013年・アメリカ映画)。学歴も経験もない青年が証券会社に入って、巧《たく》みな話術で大金を稼ぎ、自分で証券会社を立ち上げて成功する話なのですが、最後は破滅が待ち受けています。証券会社の話は大体最後に失敗して終わることが多いです（笑）。

そのほか、実話を基にしたリーマン・ショックに立ち向かうストーリーの『マネー・ショート 華麗なる大逆転』（2015年・アメリカ映画）や、海外ドラマ『スーツ』（2011年〜2019年・アメリカ）では、一流の証券マンや弁護士が「どうやったら勝てるのか」を画策している姿を見て、「この人たちとまともに戦ったら、勝てるはずがないな」といつも感じます。

自分はその人たちと同等ではなくて、そんなに知識を持っているわけではないし、情報も少ないので、もしむやみに大きな勝負に出たらウォール街で働く人たちに、まんまとしてやられてしまいます。

くれぐれも、「自分には株の才能がある！」なんて思わないこと。

才能があるなら、それこそウォール街の最前線でガンガン取引しています！

私たちは、そんなプロ投資家があまりターゲットにしないような銘柄を見つけて、ちょこちょこっと利益を得られれば充分です。

そうするためにも、株に慣れてきたら、リサーチは欠かせません。

チャートを見るのも、大切なリサーチの一つ。

さらに、その会社の業績だったり、ＩＲの情報も私はチェックします。

同業他社のチャートも参考にします。

この会社だけが好調なら買いですが、その業界全体が好調なら、より元気がいい会社を探します。

アメリカやヨーロッパの株価の値動きも、ざっとで構わないのでチェックしておくといいでしょう。

これらのリサーチをすれば、より安心・安定につながります。

日経新聞や四季報で情報収集

やはり株の情報収集に「日本経済新聞」や『会社四季報』は欠かせないでしょう。私は、株を始めたばかりのころ、日経新聞をよく読んでいました。ただ、隅から隅まで読むのではなく、一面から三面までです。特に一面には、その日一押しのニュースが書いてあるので、そこに目を通すだけでも参考になります。今なら、ウェブの見出しをチェックして、気になるトピックをいくつかチェックするだけでもいいかもしれません。

たとえば、ある企業の今期の業績が上方修正されたとか下方修正されたとか書かれるだけで株価が動きます。そういうのを見ながら「あぁ、こんなふうに株って上下するんだな」と学ぶことができるのです。

私は銘柄選びの不安を解消するために、日経新聞をよく使います。

たとえば自分の好きな化粧品の会社の業績がよくて、買いたくてもイマイチ不安なときがあります。すごく悩んでるときに、どこそこの会社が業績を上方修正したとか、売上が過去最高益といった見出しが日経に出ると、「あ、これで決定だな」と背中を押してもらえます。日経が一面でスペースを割いて取り上げるということは、よっぽどのトピックなんだな、と安心できるのです。

今は電子版で、トップページに出ているトピックをチェックしています。

四季報は上場企業のプロフィールや会社の状態、業績予想などが掲載されている分厚い本で年に4回、四半期ごとに出版されます。

投資をする人には必須の情報源と言われています。

四季報にはオンライン版もあって、私はオンライン版のほうをたまに見ています。マーケット情報や株関連のニュース、記者が選んだ注目の株なども紹介されているので、初心者には本より見やすいと思います。

『ZAi』のような投資の情報が載っているマネー誌も、「2019年はこれだ!」みたいなランキングがあるので、銘柄選びの参考になるかもしれません。

テレビだと、テレビ東京の「モーニングサテライト」や「ワールドビジネスサテライト（WBS）」などがオススメです。他に「ゆうがたサテライト」もあるのですが、これらはすべて経済ニュースがメインなので、投資家がよく観ている番組です。

「モーニングサテライト」はAIが株価を予測しているのがユニークです。朝5時45分からスタートで早いのですが、株式市場が始まる前の情報集めに役立ちます。朝早いので録画して見ています（笑）。

日経新聞の一面と同じように、取り上げられるニュースに関連のある企業は、株価が上下することがよくあります。投資家を意識して番組をつくっているのだろうと思います。

「ワールドビジネスサテライト」に「トレンドたまご」のようにこれからヒットしそうな新商品やサービスを紹介するコーナーがありますが、それもこれからの成長企業を探すヒントとして注目しておくといいかもしれません。

意外と役に立つ掲示板

そして、意外と役に立つのは「Yahoo! ファイナンス」や、「5ちゃんねる（旧2ちゃんねる）」の掲示板です。

5ちゃんねるには、株式について語る掲示板があります。

そこで「あの会社の株は来週上がるんじゃないか」「あの会社は危ない」といった話がやりとりされています。そんなやりとりの中から、リスク回避の為の参考にしたり、今後期待できそうな銘柄や、好業績なのに割安な銘柄などを見つけるヒントに出会えることもあったりします。

火のないところに煙は立たないと言われているように、そこで交わされる噂は、あながち嘘ばかりというわけではありません。

プロの投資家の方たちは、「掲示板なんて嘘ばっかりだから、見ないほうがいい」

と否定していますが、**私は一般の投資家さんがワサワサと噂している中から、自分なりにヒントを見つけながら楽しんでいます。**

書き込みをしている人のページにいくと何を買っているか大体分かります。コメントをしているジャンルが全部出てくるので、あ、この人ってこういう趣味を持ってるだとか、私とタイプが似てるなとか、あくまでも材料の一つですが、参考になったりもします。

冷静に読んでいると、結構面白いです。自分が買った銘柄の株価を上げたくて必死にコメントしてる人もいるし、そういう面を見るのが面白いです。

自分のブログでもファンの方からのコメントを見て、「すごくいいこと書くな」「こんなときにこんな励《はげ》ましのコメントくれるんだ」と思い、その人のページに行ったり、その人のツイッターを見たり、返事を書いたり、こっちがストーカーなんじゃないかっていうぐらい、見てしまいます（笑）。ネットの中で何となくその人となりを知るみたいなことをするのが好きなんです。

とはいえ、その情報だけを鵜呑《うの》みにして買うのは、やっぱり危険です。その情報をもとに自分で調べてみて、「よさそうだな」と思えたら買うようにしています。

ある程度調べて自信がついてきたら、「この銘柄はこれから上がるな」という気持ちが強くなってくるでしょう。そこで一回買ってみたらいかがでしょうか。

買ったつもりでシミュレーションしてみるアプリもあるので、そういうものを使って投資の雰囲気をつかんでもいいかもしれませんね。

「株たす」という無料でできるバーチャル株式投資アプリがあります。東証のリアルデータで売買のシミュレーションができるそうです。これなら気軽に株がどんなものかを体験できます。

いきなり路上に出る前に、シミュレーション運転をしてみましょう。

一回買ってみたら、思った通りに上がる場合もあれば、予想外に下がることもあります。下がったときは、「何がいけなかったんだろう?」とリサーチし直すきっかけになるので、どちらに転んでもいい勉強になると思います。

情報に〝ちゃっかり〟乗る

よくネットを見ると、テレビとか新聞とかに載ったら、もうそれはみんなの知り得る情報になるから材料が出尽くし、もうそれは終わりだよってよく言われます。そこから買うなんてあり得ないみたいなことを書いてあるものもあります。しかし、素人からしたら、そこからでも充分利益はとれます。

やはりプロの人じゃないと、おいしい情報なんかもらえるわけないじゃんって思うかもしれないけど、**新聞に出たらすぐ買う、すぐ決断することは大事**だと思います。

たとえば、ゲームが発売され、それがみんなが知っている、人気のゲームのシリーズだったら上がる可能性が高いので、買っておいたほうがいいし、そこからもう一段上がることもあります。

タイムリーなニュースで上昇中の銘柄を買う場合は、いつ下落に転じるかが分からないので、**たとえば1日5000円でもプラスになったら売る、というようにコツコツと利益確定することも大事です。**単純に考えると、これを毎日繰り返せば、10日で5万円になることもあります。

プロの投資家からしたら、ちまちました売買は邪道だというかもしれませんが、副業としてやる分には充分利益を得ることはできます。だから情報をいかにたくさん持つかというのは大事。〝ちゃっかり〟乗って確実に利益を増やしていきましょう。

情報の集め方も、たとえばリニアモーターカーが名古屋まで走ると決まったとき、トンネルを掘ってる企業がすごく株価が上がるだろうと予測し、ネットで調べると、3つぐらい会社があって、株価もちゃんと上がってる。調べるだけでも楽しくなってきます。

そこで、いろいろなニュースの情報に敏感になって、興味を持つジャンルが増えていけば、株の利益の上昇スパイラルに入っていけると思います。

私の投資スタイル

私は今のところ「中長期」が3割、「週トレ」の株が7割というバランスで取引をしています。

「中長期」は成長が見込めそうな銘柄に、数カ月〜数年、投資するスタイルです。

たとえば、数カ月〜1年ぐらいの中期では、その時に特に注目されている分野で今後に期待ができそうな銘柄を選び、5年ぐらい長期で持とうと思っているものは、成長性はありながらも比較的成熟した企業で、かつ高配当な銘柄を選ぶようにしています。

中長期は短期間の株価の上下は気にしなくていいですし、ゆっくり考えられます。

投資の成果が出るまでに時間はかかりますが、短期ほど売買を繰り返さなくてもいいので精神的にも楽です。

私の場合、長期で持っている株も、ずっと持っていたのではなく、途中で何回か売ってから、再度取引をしています。それは、利益を少しずつでも確定しておくというルールを自分でつくっているからです（Chapter 04でくわしくお話しします）。

「中長期」で選ぶのはプライムの大企業が多いのですが、それでも何が起きるかは分かりません。その会社の不祥事が発覚して、株価が急落！　なんてこともあるのですが、そのときはそのまま「塩漬け」（持っている銘柄が大幅に下落したときなど、売るに売れず持ち続ける状態のこと）にして持ち直すのを待ちます。

「週トレ」（スイングトレード）は1週間から長くても3週間程度で売買をする方法です。

いい銘柄を見つけたら翌日に買うと決め、日経平均が上がったら買い、もし全体に下がっていたら様子見します。

深く調べ、自信を持ってから買うのも大切ですが、すばやくその波に乗るのも大事です！

週トレで買う銘柄は、無料の株情報サイトなどで、自社株買いや上方修正などのサプライズを出した企業で、業績のいいところを翌日買います。

翌週の月曜日はどうなるか分からないので、土日には持ち越さないようにします。

中長期の取引とのバランスをとりながら、試してみるのはいいかもしれません。

Column 04

「現物取引」と「信用取引」

株には、大きく分けて「現物《げんぶつ》取引」と「信用取引」があります。

現物取引とは、自分が持っている金額分だけで取引すること。信用取引は、証券会社からお金を借りて、自己資金以上の投資をすることです。自分を信用してもらってお金を借りるので、信用取引と言います。

FXという名前を聞いたことはあると思いますが、これは「Foreign Exchange」の略で、外国為替証拠金取引という意味です。名前からして難しいですね（笑）。これは自己資金以上の取引ができるので、信用取引に近いです。

私はずっと現物取引オンリーです。この先もずっと現物だけでしょう。なぜなら、身の丈に合った投資ができるから。

株で大失敗するのは、たいてい空《から》売りのような信用取引（自分で持っていない株を、証券会社から借りて売る方法）といったハイリスク・ハイリターンな手法です。自分の資金

図12 現物取引と信用取引

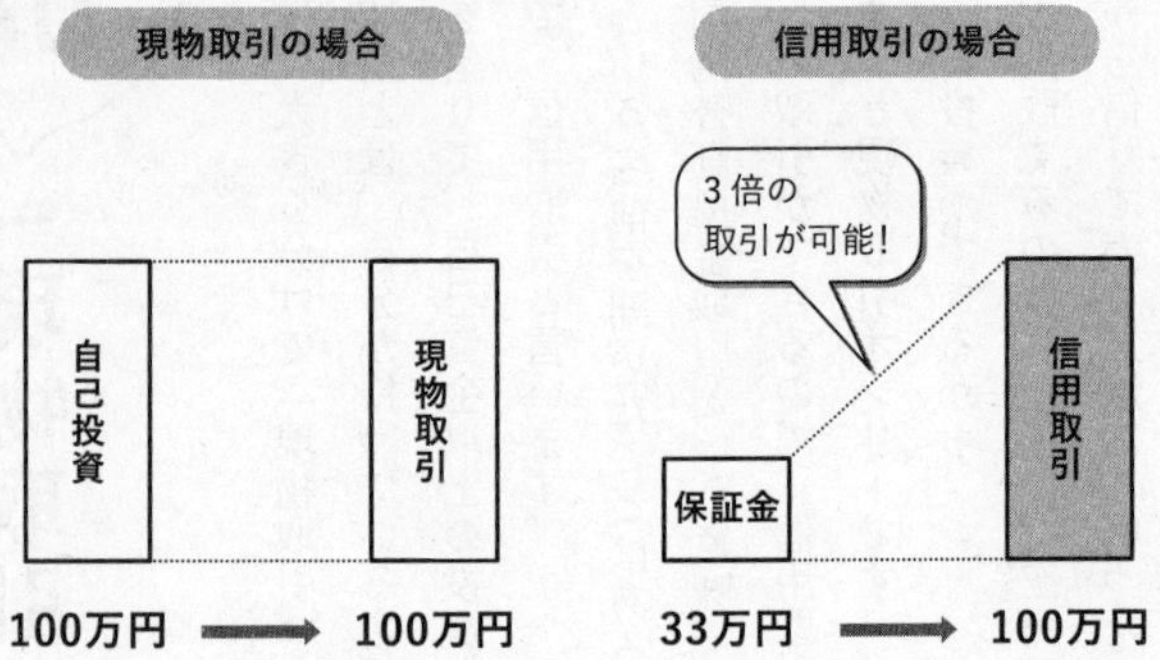

以上の取引をしないことを私は強く強くすすめます。

信用取引で株を買うということは、借金をするということです。手持ちの資金が30万円しかないのに、100万円を借りてしまったらどうなるでしょうか? 運よく株で100万円以上の利益を出せたら、そのお金は返せるでしょう。でも、失敗したら、お金がなくても100万円は返さなくてはなりません。

信用取引やFXで大失敗したという話は、よく聞きます。「少ない元手でできる」と言われると、つい飛びつきたくなってしまうのでしょうね……。

主婦がFXで1000万円の損失を出してしまい、夫に言えなくて取り返そうとしてさらに深みにはまったという話も聞きますし、「全財産を溶かした」なんて話を聞くと、もうホントにホラーの世界です。

世の中はそんなに甘くはありません。株の大先輩の父からも、「信用だけはやるなよ」と釘を刺されました。

だから、現物以外には考えられません！

Chapter

04

素人でも成功できたマイルール

投資家目線で街を歩く

株を始めたら、街の風景が変わって見えるようになります。今までとは違う見方が自然と身についてきて、投資家の目線で見られるようになります。

たとえば、街を歩いていて空き地を見つけても、昔の私なら通り過ぎていました。株を始めてからは、そこに立ててある看板を必ずチェックします。

もしそこに建つのが新たなヒルズだと知ったら、そこからいろんなことを想像してみます。

ヒルズができる→請け負っている建設会社の業績が上がる→買いかも!?

ここで建設会社の株を買ってもいいと思いますが、同じように考えて買う人が大勢いるだろうな、と私なら先を読みます。

そこで、そこにできたヒルズを想像して、人々が買い物したり、食事したりする様子を思い浮かべます。

ヒルズができる→そこに出店する会社の業績が上がる→買いかも!?

ファッションブランド、化粧品のブランド、レストラン。今までのヒルズに入っているお店の傾向を調べたら、だいたいどういうブランドが選ばれるのか、予測をつけられます。

「ヒルズには三つ星のレストランが入っているから、ジョエル・ロブションになるかな。ロブションは六本木ヒルズや渋谷のヒカリエにも入ってるから、ここにもできるかも。ロブションって上場してるのかな」と考えて、お店のホームページを調べてみるのです。

ちなみに、ジョエル・ロブションを運営しているのは株式会社フォーシーズで、ピザーラを創業した会社です。非上場なので株は買えませんが、そういう情報を知ると、それだけで「へえ」という発見があるのでワクワクしてきます。

さらに、今は銀座に行くと資生堂のショップが新しくなっていて、中国人観光客が大勢買いに来ています。今は日本人より中国人のほうが資生堂を好きなようですね。その様子を見て、「新しいヒルズにも資生堂が入るかもしれない。資生堂の株を買っておこうかな」と考えたりもします。

このように、**新しいヒルズができるという情報から、あれこれ想像するのが面白いのです。**今まで自分とはまったく関係ないと思っていた風景が、急に意味を持ち始めるのです。

新しい商品を見ても、「いいアイデアだな、どこの会社がつくったんだろう」「この商品が売れたら、この会社の業績はよくなるんだろうな」などと想像を巡らせます。

マイルール

● 新しい情報に出会ったら、関連会社を連想する

流行は街からつくられる

ドラッグストアやドン・キホーテもチェックしておきたいスポットです。

今は中国人観光客が大勢いるので、中国語のポップがついていたら、その商品は人気がある印。たとえば、中国で大人気の女優・范冰冰《ファン・ビンビン》さんが日本の酒粕パックを使っている画像をSNSで上げたら、日本のドラッグストアで中国人観光客が買い占めるようになりました。売り切れの状態がずっと続いていることもあるそうです。

目薬や龍角散《りゅうかくさん》などは、大気汚染が続いている中国では「神薬」と呼ばれるほど人気があります。中国の人口は14億人以上なので、単純に考えれば日本の約14倍売れるということです。

また、**街歩きで見逃せないのは、看板です。**

たとえば、ゲームは若者を対象にしているので、若者が大勢集まる渋谷によく大きな看板広告を出しています。

ガンホーやコロプラは、新しいゲームを発売したとき渋谷に大きな看板を出しました。それを見て、「このゲームは広告費をたくさん出しているから、これからくるな」と思ったので、この2社の株を買いました。

電車の中づり広告も同じで、たまに一つの商品の宣伝を全車両でしていることがあります。その会社の株は既に上がっているでしょうが、すぐに買えばまだ間に合うかもしれません。

今は車で移動することが多いのですが、電車で移動していたときは、高校生や大学生といった〝流行をつくる人たち〟が、何に興味を持っているのかを知りたくて、**会話に耳をすませていました。**ゲームをしていたら、何のゲームをしているかをさりげなくチェックしたり、どんな風に楽しんでいるのか様子を見たり。そして、「このゲームを出している会社の株を買おうかな」と決める材料にしていたのです。

ネットや口コミから人気が広がるものもあります。

電子たばこのアイコスは、九州などの地方で先行販売されていました。このように、先に地方で販売して、ちょっと様子を見て東京に上陸させるメーカーさんは結構多いようです。地方で先行発売しているものがないかネットで調べ、評判がよければ全国展開する前に株を買っておくと、面白い結果になるかもしれません。

とにかくいろんな人に「最近、何かハマってるものある？」とか「美味しいお店ある？」などと言って、いろんな話を聞くとヒントがあったりするかもしれません。

このような感じで常にアンテナを張り巡らせておくと、さまざまな情報をキャッチできます。自分の読みが当たって、株価が上がったときの気分は最高です。皆さんもぜひ投資家目線でまわりを見てください。

マイルール

- 街中のお店や看板、電車内の会話をチェック
- いろんな人に「最近、ハマってるものある？」と聞く

初心者は「大きく儲ける」のではなく、「大きく損しない」こと

私は株をスタートして1、2年は、購入している銘柄も少なく、それほどひんぱんに取引もしていなかったので、年間30万円くらい、1カ月あたりだと2万5000円くらいの利益でした。

「なんだ、そんなに少ないの？」と思われるかもしれませんが、元金は30万円ですから、年利は100％です。

大きく儲けようと考えるより、大きく損をしないと心がけています。なので、深追いをしないで利益確定するということをマイルールにしています。

買った株は、バッグやアクセサリーと同じ、自分の持ち物です。だから、売らずにずっと持っていても構いません。

けれども、株は一度値段が上がったとしても、下がってしまうことがあります。だ

から、始めた頃は1万円でも2万円でも、ある程度の利益が出たところでいったん売って、利益を確定するというルールを決めました。売買の手数料は多少かかってしまうのですが、これならコツコツと利益を積み重ねていくことができます。

株価が上がると、「もっと上がったら売ろう」「まだまだ上がる」と、なかなか利益を確定できなくなります。それで売るタイミングを引き延ばしていたら、突然ガクンと落ちてしまって、売れなくなったことを何百回も経験しています……。

そのたびに、「やっぱり欲張らなければよかった！」と反省しています。

リーマン・ショックも震災も体験してるので、いつ何があるか分からないという考えが根底にあるのだと思います。

だから、私は**5〜15％の利益が出たら売ると決めていました**。新興株のように変動が激しい銘柄の場合は10％。値動きの少ないプライムの銘柄は5％で確定することもあります。ただ、同じプライムでも長期で何年も持ちたい銘柄の場合は、50％くらいを目安に利確を考えることもあります。

そう思っていても、「もうちょっとだけ」と悪魔が囁《ささや》くことがあります。その囁きにちょっとだけ耳を傾けるとしても、15％になったら、何があっても確定するのです。

潔《いさぎよ》いように感じるかもしれませんが、売ったあとでさらに上がってしまったら悔しい思いをするので、しばらくの間はその銘柄を見ないようにしています（笑）。

株は常に上昇と下落を繰り返しているものなので、その銘柄でまた取引したくなったら、もう一度買い直せばいいのです。

細かく売ったり買ったりするのは面倒に感じますが、下がって売れなくなることに比べれば、ずっと安心です！

小さく積み重ねていく「安心・安定」した投資なら、ストレスもなく、不安になることもなく、頼もしい収入源になってくれます。

マイルール

● 5～15%の利益が出たら売る

知らないジャンルには手を出さない

私は知らないジャンルには、なるべく手を出さないと決めています。

Chapter 02で銘柄は自分が好きなものを選んだほうがいいとお話ししましたが、反対に自分が好きなもの以外を買って、いい結果になったことがあまりありません。

私が知らないジャンルで失敗したなと思っているのは、バイオ関連です。

ミドリムシの商品を開発しているユーグレナが上場するとき、話題になり、私も買ってみたのですが、「ミドリムシってどんな虫？　虫を食べるの？」という感じで、まったく興味が持てませんでした（ホントは藻《も》の一種です）。しかし、あとでそれが体にいいだけでなく、バイオ燃料にも使われ、世の中の役に立つものだということを知り、当時愛着を持てなかったことを反省しています。

その後も知識がないままバイオ関連の株に手を出し、長く塩漬けになっています。

やっぱりルールを守ろうと、そのつど噛みしめています。

女性なら分かると思いますが、大切な人をもてなすときは、自分が自信を持っている得意な料理をつくるはずです。ここ一番というときに慣れない料理をつくっても、失敗する確率が高いからです。だから、自分にとって鉄板のメニューを選ぶでしょう。

銘柄選びも同じこと。**よく知らないジャンルには手を出さないのが一番です。**

株以外の投資対象として国債（国が発行する債券の略称で、国が資金調達する手段の一つ）などがあります。

人からは「国債買ったほうがいいんじゃない？」と言われることもありますが、国債を買う面白さがよく分からないので手を出さないようにしています。国債は安心・安定の投資の一つなのかもしれませんが、金利が低すぎて、ちょっと退屈です。

お金を儲けるだけではなく、企業の業績の見方やチャートの見方をニュースなどで勉強をして自分の世界を広げられるから、株は面白いのです。

ほかに、**口に入れるものには手を出さないというマイルールもあります。**

口に入れるものとは、食品や飲食店、サプリなどの会社の銘柄のこと。食関係はレストランで食中毒が起きたり、偽装問題が起きたり、流行《はや》り廃《すた》りも早くて、ブームになっていたと思ったらあっという間にお店が変わっていたりします。クレームも多い業界ですし、何が起きるのか分からなすぎるので触らないようにしているのです。

食関係を買うのなら、家電系を買ったほうが中国でも人気があるのでいいかな、と思います。

そのような感じで、**「やること」と「やらないこと」をハッキリ決めておく**と、効率的に情報を集められますし、一つの分野に深く入り込んでいけます。

マイルール

- 知らないジャンルには手を出さない
- 食品関係やサプリなど、口に入れるものを扱う会社の株は買わない

「頭としっぽはくれてやれ」

「頭としっぽはくれてやれ」という投資の格言があります。たい焼きが一番おいしいのは、たい焼きを思い浮かべるといいかもしれませんね。たい焼きが一番おいしいのは、あんこがいっぱい詰まっている真ん中です！

投資家は誰でも「底値で買って、天井で売りたい」と思うけれど、それはほとんど不可能だし、失敗しやすいもの。買うときは底値よりも少し上がったところで買い、売るときは最高値（天井）よりも下がったところで売って、真ん中のおいしいところだけを取りましょう、という意味です。

たとえば、テレビや新聞で新商品が発表された段階でその銘柄を買うのは、ベテラン投資家の方たちから見ると「遅すぎる」「みんなが知ってから買うのは邪道」だそうです。報道される前に情報を仕入れて買わなければならない……と言われても、プロでもないのにそんなおいしい情報はもらえませんよね。

私は、報道されたあとで買っても充分利益は出せると考えています。株価は底値ではないのですが、そこから先もしばらく伸びていれば、充分利益を得られます。

そこで買うのを諦めるのではなく、**「ちょっとでも利益が出ればいい」と考え、“ちゃっかり”乗るくらいの気持ちで株を買えばいいのです。**

売るときも同じです。天井で売れれば最高ですが、どこが天井になるかは、たくさん経験を積んでも分かりません。天井から下がってきた段階ですぐに売っても利益は出るので、それで満足しています。

下がってきたときに「また上がるかも」「持ち直すかも」と持ち続けるほうがリスクは高くて、売るタイミングを逃してしまいます。だから、深追いせずに売ってしまったほうが、気持ち的にはスッキリするでしょう。

マイルール

●いいニュースが出たら、売買のタイミング

すぐに損切りしない

買った株価よりも安いところで売ることを、損切り（ロスカット）といいます【図13】。

実は、私は今までよほどのことがない限り、損切りをしてきていません。

ずっと株価が上がって、利益がプラスになっていたから損切りする必要がなかった、という理由ではなく、株価が下がっても損を確定しなかったのです。お恥ずかしいですが、その失敗例については169ページでご紹介します。

自分が天井で買ったと思ってなくて、そこが天井だったのなら、損切りしなければいけませんし、もう上場廃止になるぐらい下がってるなら、覚悟を決めて損切りするしかありません。

それ以外では、業績が良いから買っているので基本的には売らずに、「売るタイミ

図13 損切りって？

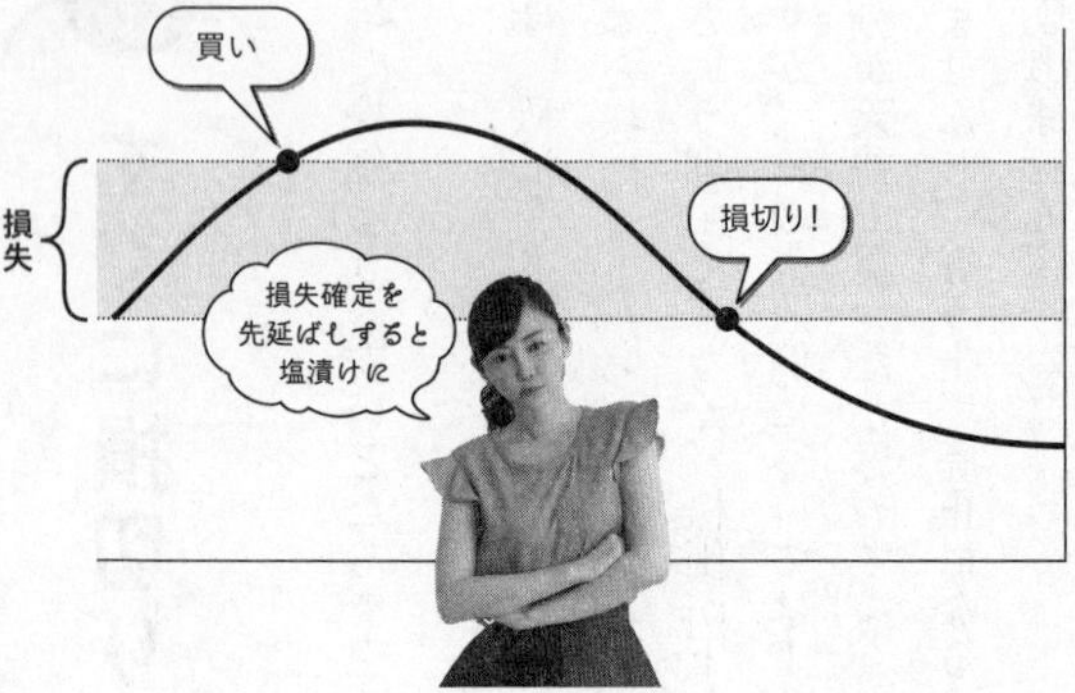

ングが1年後か2年後になっただけ」と思って、その銘柄の株価はしばらく見ないで、時機が来るまで待ちます。あまり聞いたことのない会社の銘柄でなければ、時間はかかっても売るときはまた巡ってきます。

ですので、正確にいうと、頭をくれてやっても、しっぽはずっと持っているのかもしれません（笑）。それで株価が戻ってきたら、やっとしっぽを手放すという感じですね。

東京ドームの株も、リーマン・ショックのときに急落しました。それを取り戻せたのは、東京オリンピックの招致が決まってからです。結局、5、6年は塩漬けにしていました。

最近は、2年とか3年とか寝かさなきゃいけない可能性もあるかも、と思いながら買っています。そういうときも貯金しているのだと思って、慌てないこと。

最終的に利益を出せれば成功ですから、焦らずにいきましょう。

マイルール

- **株価が下がっても、基本的には売らず、戻るのを待つ**

株の売り注文の出し方

① ログインして「保有商品一覧」を選択

「保有商品一覧」、または、画面中央にある「商品を選んで注文」をクリックしてください。

② 「注文」から「売り注文」を選択

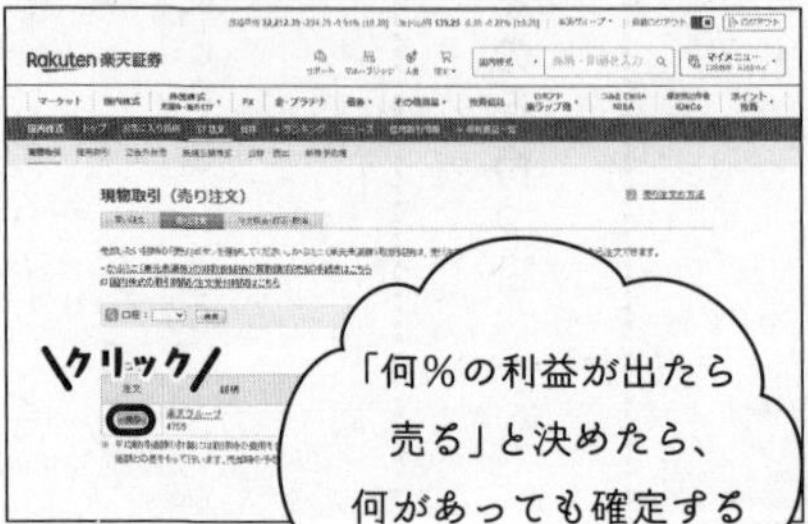

売りたい株を選んで「売り」をクリック。

Point

「何％の利益が出たら売る」と決めたら、何があっても確定するのが安心・安定！

③ 注文の条件を入力！

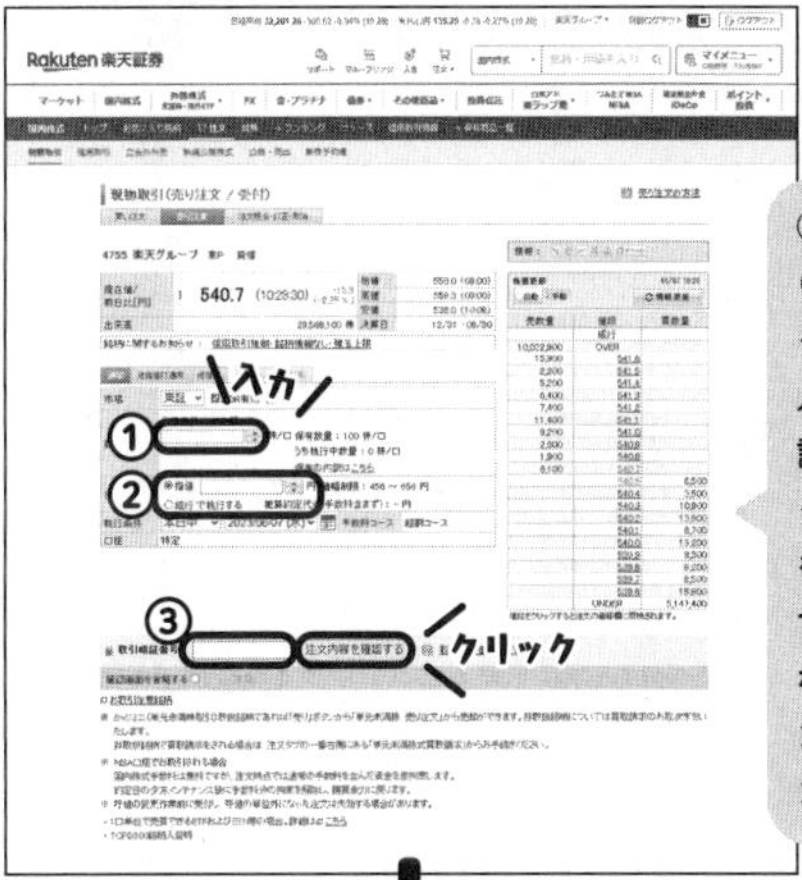

①売却する株数、②価格（「指値」であれば価格も）、③取引暗証番号を入力し、「注文内容を確認する」ボタンをクリック。指値で売りたい金額を指定しても、その金額で買ってくれる人がいないと約定できず、そのまま株価が下がってしまうことも。

④ 間違いがないか確認して注文

「買い注文」と同じく、いったん確定するとキャンセルはできないので、慎重にチェックしてから注文しましょう。

 画像提供：楽天証券

1日のルーティンを決めよう

私の1日は、株とともに始まり、株とともに終わります。

といっても、1日中やっているわけではありません。だいたい半日ぐらいでしょう私は仕事のウェートが投資に傾いているのでこうなっていますが、皆さんは都合にあわせていくらでも調節できます。

私が起きるのは朝8時頃で、すぐに楽天証券のアプリで、銘柄別の売買注文状況をチェックします。

まず、自分が買っている銘柄を見て、今日は「買い」と「売り」どっちが優勢なのかなと考えたり、買いたいなと思う銘柄を見て、今日は買いどきなのか、そうじゃないのかを考えます。

あと株探や四季報などで「今日は何が注目されているのかな?」みたいなことをチ

エックします。

前の晩に買いたい銘柄は何個かピックアップしていますが、その日に買うか買わないかは、8時半から9時の間に決めます。正確には8時45分には決めてしまいます。あとはその日に買うか、売るかを決めた銘柄だけを開いておいて、動きをずっとモニタリングします。


ほぼ、午前中にしか取引をしないというのも、マイルールです。


相場は平日の朝9時から11時30分まで（前場）と12時30分から15時まで（後場）の間取引できます。

実は、私は後場で買っていい思いをしたことがないのです。だから、ゲン担《かつ》ぎというわけではないのですが、前場で買うことが多いです。

最初の頃はずるずる持っていて、ランチ休憩のあと、午後1時半ぐらいになると下がることが多くて、「やっぱり午前中に売っておけばよかった〜」という経験を何度もしました。

後場は手じまいをする投資家が多いみたいで、全体が下がる傾向にあるのです。昼の休憩内にIR(株主・投資家情報)が出たときだけは午後に買いますが、それ以外は、だいたい午前中ですっきりさせています。

9時に株式市場が開くと、私のルールでは、基本的には9時半まではジッと我慢します。

その時間は、どっちに数字が振れるかが分からないことが多いからです。

株価が上がるか下がるか、売りが優勢か、買いが優勢か、どっちに振れるか、まだふわふわっとしている30分間は欲張らない精神で、モニタリングだけしています。

この待っている時間で、ようやく朝ご飯を食べます。

そして、9時30分になったら指値を入れます。これが、私のルーティン。買い注文は11時ごろにはすんでいることが多いです。

売りのほうも11時くらい。ギリギリまで値動きを見て、「もういいかな」というところで売ることが多いです。

そのあとはランチを食べて、仕事が入っていたらお出かけ。仕事がお休みだったら買い物に行ったり、美容院に行ったり、自分のことに時間を使います。

そして、午後3時に午後の取引が閉まったら、今日はどうだったかな、と確認します。仕事が入っているときは、夕方以降にチェックすることもあります。

普段、家に戻るのは、7時ぐらい。それから愛犬のきなこのご飯をつくったり、夕飯の支度をしたり、お風呂に入ったりして普通に過ごします。9時ぐらいから11時ぐらいまでは好きなテレビを見たり、ゲームをしていることが多いです。

そうやって、株とは関係ない時間を半日以上過ごしたあと、夜11時ぐらいから株のリサーチを始めます。Chapter 03で紹介したような情報を調べて、録画している「モーサテ」を見たり、ブログを書いたりして、午前2時ぐらいに就寝です。

この1日のルーティンを続けることが、私が楽しく株を続けていくためには大事なことだと思っています。

マイルール

- 株の取引は基本的にお昼まで
- 1日のルーティーンを続ける

ざっくり株ノート

株をやっている人は、株の取引を管理するためのノートをつくっている人が大勢います。

桐谷広人さんもその一人。毎晩、その日の売買を振り返って、銘柄ごとに株価や利回り、優待の内容などを細かく書き込んでいらっしゃるんです。プロ将棋棋士だけあって、すごく几帳面《きちょうめん》だな、と感心します。

株をやっているブロガーの方の多くも、ご自分の株ノートを公開されています。他の方の株ノートを見ていると恥ずかしくなるのですが、私も一応、株ノートをつくっています【図14】。

でも、毎日取引を書き込むようなマジメな使い方はしていません。

株を始めて間もないころは銘柄ごとに何株買ったのか、取引額といくら利益が出た

図14 私の株ノート

売買記録のほか、
自分なりの勝利の見つけ方や
戒めの言葉をメモ

のかをざっくり書きとめていました。最初のころはホームページの売買履歴の見方が分からなかったので、自分で書いていたのです。それも毎日書いていたのではなく、書き込みたいときに書く、という感じでゆるい使い方をしていました。

東京オリンピックが決まったら要チェックの建設系、スポーツ用品系、鉄道系、テレビ広告系の銘柄をメモしたり、「招致に失敗したら500円値下がり」と気になった情報を書き込んだり、ページごとに書いている内容はバラバラです。

人から見たら落書きのような感じかもしれませんが、きっちりと一覧表をつくって書いていたら、その段階で挫折していたでしょう。学校の勉強ではないので、ゆるくて充分、役に立ちます。

ほかに、チャートやローソク足の見方などを勉強したときは、いちいち本を開いて読み直すのは面倒なので、ノートに書き写しています。

「イエレンが議長になれば、失業率が目に見えて低下するまでは緩和策を持続？　続ければドルを大量に供給　円高ドル安への圧力高くなる」という感じで、世界のマーケットに関係する情報も書き込んでいます。

私は元々勉強が苦手で、世界史とかちゃんと勉強しませんでしたし、円高と円安の違いも、最初はチンプンカンプンでした。でも、経済や世界情勢をある程度知っておいたほうが断然に有利です。だから、**自分なりに「覚えておいたほうがいいかも」という情報はノートに記録しているのです。**

でも、まったく苦痛ではありません。

世界情勢は歴史や地理につながりますし、経済は数学、バイオは生物や化学、医学につながります。高卒で勉強が苦手だった私が、こんなに勉強をしたいと思えるなんて、自分でも驚いています。テスト前でも、こんなに勉強はしませんでした！

今でも株の専門家に比べたら全然知識の量では勝てませんが、経済や世界情勢で「ここは知っておいたほうがいい」というポイントは分かってきたような気がします。

あとは、株の世界で言われている格言も書き留めています。

「人の行く裏に道あり　花の山」

「高値覚え　安値覚えは損のもと」

「株式と結婚するな」

などなど。格言をノートに書き出すことで、何度も読み返して自分に言い聞かせているのです。**株は精神がいかに強いか、弱いかみたいなところがあるので、格言を見てそうだよねと自分を戒《いまし》めています。**

このような感じで、お見せするのも恥ずかしい株ノートですが、時折読み返しては、「あの年はこんな取引をしたんだっけ」と懐かしく思ったりします。今でも気になる情報は書き込んでいます。

大切なのは、負担にならないこと。

毎日ノートに記録するのが苦痛になると、株を続けるのも嫌になって、本末転倒になるかもしれません。自分の過去の取引は証券会社の口座から確認できますし、面倒であれば記録する必要もないんじゃないかと思います。

もし株ノートをつくるのなら、自分のお気に入りのノートでつくればいいのではないでしょうか。好きなキャラクターがいるなら、そのキャラクターのノートやシールを使えば、楽しく続けられると思います。

マイルール

● 自分なりの株ノートをつくる

スマホとタブレットを使い分ける

「スマホだけで、簡単に株ができる！」という人もいますが、私はスマホだけではやや不安です。チャートの動きを見ながら注文しなければならないので、できればiPadのようなタブレットかパソコンでチャートを見て、スマホで注文をするというスタイルがラクです。

実は、私は2、3年前まではガラケーを使っていました。それは、スマホで注文するときに打ち間違いが多いからです。タッチパネルだと、数字の2を押しても3が反応するという感じで、自分が思っていたのとは違う金額になってしまうことがあります。注文する前に気づいたらいいのですが、気づかないこともあって……ボタンで確実に押せるガラケーを使っていたのです。みなさんもタッチパネルで注文するときは気を付けてくださいね。

今はガラケーを解約して、スマホで取引しています。そして、画面を見る用と売買する用で使い分けています。スマホとタブレットなら、同じタッチパネルだから変わらないだろうと思っていても、画面の大きさが違うので、打ち間違えることがあるんです。特に売るときはアドレナリンが出て興奮状態になっているので（私だけかもしれませんが）、ちょっとした変化が思いがけないミスにつながることもあります。

ですので、スマホを売買用と決めたなら、それ以外は使わないのが安全策です。デイトレーダーの人たちがパソコンの画面を何台も並べて取引をしている様子を見たことがあるかもしれませんが、初心者にそこまでのものは必要ありません。

働いている人はランチのときにその日の値動きをチェックできるので、持ち歩けるタブレットやスマホがあると便利ですね。

マイルール

● スマホは売買用、タブレットは見る用と使い分ける

危険には飛び込まない！

今ではコンスタントに利益を出して、株ドルと呼んでもらえるようになった私ですが、今までに大きな失敗を何回かしました。

それも、自分から危険に飛び込んで行ってしまったのです……。

ＪＡＬは、倒産が騒がれていた２００９年に買いました。そんな危ないときでも買う投資家がたくさんいるものなのです。私もそれに便乗してしまって、最初は１株９円のときに５０００株買いました。

そのときは、これは歴史上でもすごく貴重な経験なんだろうなと思い、軽い気持ちで上場廃止寸前の銘柄を買ってしまったのです。

私は心のどこかで、「こんなに大きな会社が上場廃止するわけない」と信じていたのです。ＪＡＬの飛行機は仕事でよく乗っていましたし、なくなることは考えられま

そんな痛い目にあったのですから、普通は「次からは気をつけよう」と思いますよね。

それなのに、同じ失敗を繰り返してしまいました。

大塚家具のお家騒動を知ったときに、また変なスイッチが入ってしまったのです。

その報道があったあと、一時的にチャートが盛り上がって、それに便乗する投資家がたくさん増えました。それで、私もつい便乗してしまったのです。

私は、「これはパフォーマンスじゃないかな。この一族はこれに便乗して、自社の株価を上げようとしてるんじゃないかな」と推測していました。お父さんが築き上げたものだから、娘もそのうちに折れて仲直りして、株価も戻るだろうと思って、のんびり構えていたのです。

そうしたら、あれよあれよと下がって何十分の一になってしまいました。

もう売ろうと思ったときは、時すでに遅しで、売るタイミングを逃していました。

結局、お父様のほうが会社を去って新会社「匠大塚《たくみおおつか》」を立ち上げることになったのです。

実際に、新宿の大塚家具に何回も足を運んで、娘の久美子《くみこ》社長の様子やセールをやっている店内を見たりしたのですが、元の株価に回復するのは厳しいと判断して手放すことにしました。

これが損切りした銘柄の一つです。このときも100万円ぐらいの損失を出しました。

人間って弱いなと思うのは、そのあと、もう一度同じ失敗を繰り返してしまったからです。

3回目はエアバッグのタカタ。

アメリカで事故が起きて、ちょうどリコールが始まった時期に買いました。

エアバッグがないと車は走らないし、タカタのシェアは大きかったので、もう一回頑張るか、どこか別の会社が助けてくれるだろうと思っていました。そうすれば株価も回復すると思ってしばらく持ち続けていたのですが、結局、再生不可能な状態になってしまいました。

そのときも、泣く泣く損切りしました。

しかし、そのあとタカタは上場廃止になったので、損はしましたがＪＡＬのときのように、お金がまったく戻ってこないということはありませんでした。


自分の推測なんて、たいしたことないんだなと、失敗するたびに反省します。そして、マイルールに従おうと、そのたびに自分に言い聞かせるのです。

この３つに共通しているのは、よく調べないで自分の思い込みだけでチャレンジしてしまったこと。投資というよりは、ギャンブルのような賭けに乗ったということです。

自分が選んだ銘柄なんだから、上がらないわけがないという過信の結果です。この性格とは一生付き合っていくのだと思います。

マイルール

● ときにマイルールを破るのは性格だからしかたがない

ときにはプロに話を聞いてみよう

プロといっても、投資のプロから話を聞くわけではありません。

私は、世界中の誰もが何かのプロだと思っています。

たとえば、いつも一緒にお仕事をしているメイクさんはコスメのプロです。これから何が発売されるのか、新商品の使い心地はどうなのかなど、プロならではの意見が聞けます。

ポーラのリンクルショット（シワを改善する薬用化粧品）はＣＭを打つちょっと前にメイクさんが「これはいいよ。ヒットすると思う」と教えてくれました。自分も使ってみたらよかったので、「これはくるな」と思って、ポーラの株を買いました。

これは芸能界だけの特別な話というわけではなく、皆さんのまわりの人も何かしらのプロだと思うのです。

たとえば、子育て中の方や主婦の方は育児関連のグッズにはくわしいでしょう。実際に使ってみながら、オムツや粉ミルク、哺乳瓶はどこそこのメーカーがいいと判断していると思います。

それはそのまま、銘柄選びの材料になります。中国人の爆買いは落ち着いてきていますが、まだ日本製の粉ミルクやオムツは人気があるようなので、つくっているメーカーは有望かもしれません。

お子さんから得られる情報もあるでしょう。小さい子どもはおもちゃやマンガ、ゲームにくわしいですし、中高生はファッションやスマホの新しいアプリには敏感です。

働いている方は、自分のいる業界についてはくわしいはずです。業界でどこが今一番勢いがあるのか分かるでしょうし、新製品がどこから出るという情報もいち早く入手できるでしょう。

そういう視点で考えてみると、皆さんのまわりにはいろんなプロがいませんか？

皆さんも、まわりの友だちや恋人、夫や家族がいる業界について、話を聞いてみたらいかがでしょうか。勤めている会社の業績がどうなのかを聞いてもいいでしょうし、「今、その業界で一番元気のあるのはどの会社?」と教えてもらってもいいかもしれません。

誰でも貴重な情報を持っているので、情報をたくさん仕入れて株に活かさないともったいないと思います。

マイルール

● まわりの友だちや恋人、家族がいる業界について話を聞く

1年間でトータルがプラスになっていればよし

株をしている人の中には、「今週は3万円のプラス」「今月はトータルで9万5300円のプラス」と細かくお金の収支を記録している方がいます。

私は証券会社の自分の口座の数字を見るだけです。取引した分の履歴は、いつでも見ることができます。利益や損失も出てきますから、私はざっと見る程度で満足しています。

私は買い物をするときは1円でも安く買うことにこだわるのですが（笑）、株の収支はざっくりとしか把握していません。

あんまりお金を細かく管理していると、お金に縛られてしまうと思うからです。投資を楽しむのではなく、ノルマになってしまうような気がします。そうなると形のないもの、たとえば楽しみや自分の成長が見えなくなります。

自分が買った銘柄が一つでもマイナスになると落ち込むかもしれませんが、私からのアドバイスは、利益が出た銘柄、損をしてしまった銘柄を全部含めて、**1年間のトータルでプラスになっていれば大丈夫**だと思ってほしいということ。**途中で損が出たとしても、「終わりよければすべてよし」の精神でいましょう。**

たとえ、終わりがよくなかったとしても、来年持ち直せばいいだけです。

もう一つ、長く続けるには、このくらいは欲しいなという**自分なりの目標**を決めたほうがそれに向かって頑張れます。

私は、最初の1年は「年に50万円の利益が出ればいいな」と思ってスタートしました。最初のハードルが低かったので、心折れることなく続けられたのだと思います。

その後リーマン・ショックがあって「年に100万円は稼がないと、もう日本はどうなるか分からない」と思ったので、目標金額が高くなりました。当時、株価はもうボロボロだったのですが、ここで頑張らないと自分の将来が心配だと思っていました。それで投資額が増えていったのです。

今は年に2000万円ぐらいを目標にしています。目標達成できた年もあれば、できなかった年もありますが、あくまでも目標なので、あまり気にしないようにしています。

100万円から2000万円に目標が上がったのは、スマホゲーム銘柄が盛り上がっていた、2011〜2014年ごろ。世間にも「株をやっています」と公表したころです。

そのころは「10年ぐらいやっていれば1億ぐらい貯まるかな」と、30万円からスタートしたのに大きく考えすぎていました。コツコツ中長期投資だけをやっていたら、そこまではいかないと分かってきたので、短期の投資をスタートして目標額を上げたのです。

それまでは、わりと自分の中だけで楽しくやろうという気持ちだったのですが、まわりの人たちからもいろいろ聞かれるようになったので、もっとちゃんとやろうと本腰を入れたというのもあります。

目標は高く掲げたほうが頑張れますが、最初から高すぎると結果にガッカリしてしまうかもしれないので、最初の目標は低めにしましょう。

利益が出て資金が増えてきたら、目標額を上げればいいと思います。

必要以上に背伸びをしなければ大打撃を受けることはないので、人生のパートナーとして長く付き合ってくださいね。

マイルール

- **途中で損が出ても、1年間のトータルでプラスになってればOK**
- **年にいくら利益を出すか、目標を決める**

Chapter 05

私が買った銘柄も公開！

銘柄選びは自分の「好き」を大事にする

ここまでの章でお話ししてきたように、**私は「好きなもの」「興味があるもの」の株を選びます。**それが一番楽しいからです。

皆さんも、慣れてきたら、他の投資家さんのブログを読んだり、新聞や本、テレビの情報番組をもとに、「ここに投資してみよう」と思える銘柄に投資してみましょう。

ただ、「他の人がいいと言ってるから」という理由だけで選ぶのは、あまりオススメしません。それだと、投資が楽しくないと思うのです。

それに、もし失敗したら人のせいにしてしまいます。自分でこれだと思ったものであれば、プラスになってもマイナスになっても、それは勉強になるし、記憶に残ります。

また、自分なりのリサーチは欠かさないこと。

私の経験では、人がいいと言っている銘柄が本当によかったのは1割ぐらいです。自分で探した銘柄のほうが利益を上げられました。

自分で「ここ、いいんじゃないかな」とアンテナに反応するような銘柄を見つけるのが一番です。

自分が好きなもの、好きな会社に投資すれば、たとえ下がってもそれほど悲しくなりません。配当や優待という楽しみもありますし、下がった会社の株が再び上がると、「よかった〜」と嬉しくなります。

ここでは、私が普段買っているジャンルや今まで買ってきた銘柄のいくつかをご紹介します。

これらを参考にして、皆さんも自分の好きな銘柄を見つけてください。

2005年〜身近な会社や自分が好きな会社の株

株を始めた当初は、身近にあった会社や、自分が好きな会社の株を買っていました。

■小松製作所（6301）

コマツはショベルカーやブルドーザーなどの工事で使われる機械を製作している会社です。建機メーカーでは日本で1位、世界でもキャタピラー社に次いでの2位で、圧倒的に強い会社なのです。

ガテン系の銘柄は女性っぽくないので、意外に思われた方もいるかもしれませんが、父が建設関係の会社を経営しているので、子どものころからコマツには親しみがありました。

コマツの株は現在は持っていませんが、タイミングをみて、また購入すると思います。日経225の銘柄でもありますし、思い入れもあるので一生付き合っていく銘柄です。


建築・建設関連の銘柄は、東京オリンピックの影響で上昇しました。2025年の大阪万博も決まりましたし、都内ではあちこちで再開発が進んでビルやマンションが建っているので、当分景気がいい業界かもしれません。

日本が世界に誇る会社を応援しているのだと思えば、持っていても楽しくなるかもしれません。

■オリエンタルランド（4661）

ディズニーランド&シーを運営しているオリエンタルランドは、株初心者のころからずっと買ったり売ったりを繰り返している大好きな銘柄の一つです。

新しいアトラクションができるときは来場者が増え、それで会社の業績もアップするので、株価も押し上げられます。優待でパスポートをもらえますし、ディズニーファンやお子さんがいる方には嬉しい銘柄じゃないかと思います。

ちなみに、ユニバーサル・スタジオ・ジャパンを運営するユー・エス・ジェイは任天堂とコラボした新アトラクションが2021年にオープンしましたし、再上場するんじゃないかと噂されています。

2019年3月にムーミンのテーマパークが埼玉県に開園しましたし、レジャー施設には外国人観光客も訪れるので目が離せません。

2006年頃〜　ゲーム関連

ゲーム関連の銘柄とは相性がよく、まだみんなに知られてない時期から新作のゲームをやって、面白かったら全力で買うというのを繰り返したら2カ月で500万円の利益を出したことがあります。

■MIXI（2121）、ガンホー・オンライン・エンターテイメント（3765）、コロプラ（3668）

ゲーム関連の銘柄は、私にとって得意分野です。理由は、ゲームが大好きだったから。小学生の頃から「スーパーマリオ」にハマり、弟と一緒に毎日遊んでいました。

ＭＩＸＩ、ガンホー、コロプラはゲームの三大巨頭。中でもＭＩＸＩの「モンスターストライク」が好きでした。

スマホが普及し始めた頃、「これはいけるぞ!」と思って、アップルストアランキングに入っているゲームをつくっている会社に注目しました。

ポイントは、次の3つです。

①　20~30位ぐらいのゲームをチェック

ランキングの20~30位ぐらいに入っているゲームのレビューをアップルストアでチェック。どれぐらい面白いと言っている人がいるのかを見て、「このゲームは人気が出るかも」と思ったら、ダウンロードして遊んでみます。

自分でも面白いなと思ったら、そのゲームをつくった会社を調べて株を買います。

②　上位のゲームの会社は選ばない

アップルストアで10位以内にランキングされているゲームの企業を選ばないのは、それ以上伸びることはなく、下がっていくだけだからです。かといって、初動のランキングが50位、60位だと、そこから上位になるのは難しい。配信前から話題になっているゲームは初動で20～30位以内に入ることが多いので、そのあたりが狙い目です。

③ 渋谷で広告をチェック

Chapter 04で触れましたが、ゲームは若者を対象にしているので、若者が大勢集まる渋谷によく広告を出しています。ガンホーやコロプラも渋谷で大きな広告を出しているのを見て「これはくるな」と思い、買いました。

ゲーム株は自分とすごく相性がよくて、調べるのも楽しい銘柄です。グロース市場で上場している会社が多いので、株価が安くて買いやすいのも魅力です。

■任天堂（7974）

ゲーム界の王道、任天堂の株も買いました。ゲーム業界をずっとウォッチしていると、任天堂がポケモンとコラボするらしい、という情報が出回っていたのです。

ゲーム関係の5ちゃんねるのスレッドを見ると、「スマホで歩きながら遊べるらしい」「怪獣をつかまえるんだって」「そりゃ、絶対に流行るわ」という書き込みが相次いでいたので、「これは来るかも！」と株を買いました。

すると、テレビで「ポケモンGOが発売になります」と特集を組むようになったのです。新しいアプリゲームが出るときにテレビで特集を組むというのはそれほどないので、じわりじわりと株価も上がっていきました。

発売後は、公園に人が大勢集まっている様子や「お台場がパニックになっています」のようなニュースが連日流れて、株価はグングン上がっていきました。

いつもなら発売するとゲーム株はピークアウト（頂点に達し、それ以上は上がらない状態のこと）になるのですぐに売るのですが、そのときは2週間ぐらい待ってから売り抜けました。短期間で250万円の利益が出ました。

話題になり始めてから買って、ピークに達してちょっと下がり始めたところで売るという、理想的な取引ができた銘柄です。

ポケモンGOは自分でも遊んでみました！

同じスマホアプリのゲームセクターの中でも、外に出て誰かと一緒に通信しながら遊ぶものがなかったので、競合もなく、しばらくは伸びるんだろうなと思いました。

一つの業界の株を買い続けていると、その業界特有の値動きのクセのようなものをつかめるので、ここぞというときに実力を発揮できるのかもしれません。

■セガサミーホールディングス（6460）

もう一つ、ゲームはゲームでも、ゲームセンターに置いてあるゲーム機をつくっている会社も注目している銘柄です。

セガサミーはおもちゃやパチスロなどを製造している会社です。

2012～13年頃に韓国の企業と組んで、韓国に大型カジノをつくるという話を聞いて、株を買いました。その後、18年に韓国初の統合型リゾート施設「パラダイスシティ」を開業しています。

これは、日本でカジノができるときに参入するための足掛かりではないか、と言われています。カジノ法案が可決されたので、今後の動きに期待している銘柄です。

2010年頃～美容関連やファッション、旅行

美容関連やファッション、旅行は女性ならではで、私も好きなジャンルです。

■ポーラ・オルビスホールディングス（4927）

美容はやっぱり女性の得意分野です。

海外のコスメにくわしい方、自然派のコスメにくわしい方など、人によって好きなカテゴリーが違うので、自分ならではの投資ができるジャンルのような気がします。

美容関係は今までにない新製品はそれほど出ませんが、出たときは大ヒットすることが多いので、要チェックです。

Chapter 04でも書きましたが、ポーラの「リンクルショット」は流行り始めてC

Mを打つ少し前にメイクさんにオススメされて買いました。シワを改善してくれる美容液です。他社さんから後発商品もできたので、伸びるなと思い買いました。

日本のコスメは中国人にも人気があるので、私は中国の越境ECサイトで美容のランキングをチェックします。中国人に人気のものは、「これは相当、会社としての利益を生むだろうな」と判断して、株を買う目安にするのです。

また、自分で買って使ってみていいなと思ったものがあるかどうか。私は、自分で使っていない商品の会社には投資しませんし、使ってみてよくなかった商品の会社にも投資しません。

新商品が出たら投資のための投資だと思って、一通り試してみてはいかがでしょうか。その中から、自分がいいと思う商品の会社に投資すれば、大きく外すことはないんじゃないかな、と思います。

■ユナイテッドアローズ（７６０６）

ファッション系も優待割引券がつくなど、家計的に助かるので、女性にはオススメの銘柄です。

私は、自分が好きなユナイテッドアローズの株を、一時期買っていました。ユナイテッドアローズが、アメリカの高級アクセサリー「クロムハーツ」の正規代理店になったときは、「これから客が増えて業績が上がるかも！」と株を買いました。好きなブランドだとお店に足を運ぶことが多いので、ちょっとした変化にも気づきやすくなります。

「ここのメーカーの商品も扱うようになったんだ」とか、「客の対象年齢が変わったのかな？」とか。そういう変化も、株の売買の判断材料になります。

ファッションブランドの場合、新しいブランドを立ち上げたり、海外に進出するなどの動きがあると、株に値動きがあります。今は、お店の一角に免税コーナーを設けるブランドもありますが、それは海外客に好評だという証。業績にも影響します。

新しいお店がどこにできるのかも要チェックです。

私は新宿で買い物することが多いのですが、新宿で大型のショップを立ち上げるというニュースを知ったら、「新宿は店舗の家賃が高いから、気合を入れてるんだろうな」と株を買うタイミングを考えます。

もしかしたら、新しいブランドや店舗の投資に回しているので、会社の業績は落ちるかもしれません。私はいつも新しいお店に行ったら、「これで会社の業績は上がるかな、落ちるかな」と考えながらショッピングしています。

女性はショッピングが大好きです。昔は、お金を使うだけだったショッピングが収入を得る源になっています。

■ANAホールディングス（9202）

私はグラビアのお仕事で海外に行くことが多かったので、飛行機をよく使っていました。

その関係で、航空業界も私にとって思い入れがある銘柄です。

とはいえ、買うのはJALとANAぐらいで、Chapter 04でお話ししたようにJALで一度痛い目にあってからは、鶴のマークを見るだけで心が痛むのでANAオンリーです。

女性は旅行好きな方が多いですし、どの時期に飛行機を利用する人が集中するかも分かっているので、売買のタイミングをつかみやすいのでは、と思います。

株主は航空券が株主優待割引運賃で買えますし、系列のホテルや空港内の売店を利用したら割引してもらえます(国内線のみ)。優待がお得なので、飛行機をよく利用されている方にはオススメの銘柄です。

2015年頃〜自分が普段利用しているサービス

自分が普段利用しているサービスの銘柄もチェックしています。

■ゆうちょ銀行（7182）

銀行のうちメガバンクは倒産することはないので、中長期の取引にはいいかもしれません。銀行は株価が安いところが多いので、初心者が手を出しやすい銘柄だと思います。

ただ、ずっと株価が安定しているわけではなく、イギリスのEU離脱決定やアメリカのFRB（米連邦準備制度理事会）の利上げなどによって、値下がりすることもあります。銀行の業績自体もいいわけではないので、今が買いどきなのかは迷うところです。

私が金融関係で唯一持っているのが、ゆうちょ銀行。

高校生のころから郵便局でずっと口座をつくっていたので、2015年に上場したときに、親しみがあって株を買いました。

■楽天グループ（4755）

東証は33業種に分類されており、楽天はサービス業です。株でサービス業の範囲は広くて、SNSのMIXIや人材派遣のパソナ、電通やクックパッドもサービス業になります。東京オリンピックが決まってから、サービス業関係の銘柄は上昇しました。インバウンド効果もあるので、しばらく元気な業界かもしれません。

楽天の株は、ずっと売ったり買ったりを繰り返しているお気に入りの銘柄の一つです……といっても、楽天の宣伝ではありません（笑）。

楽天証券で口座を開いた関係から、「株も買っておこう」と株初心者のころに買いました。意外と株価は安いので、初心者でも買いやすいと思います。

2017年頃 ふと気になった株、流行っていた株

ふと気になって買ってみたものの、よく調べないで買ってしまった銘柄もありました。

バイオ株は、流行《はや》っていたときに買ってしまった株です。知識がないものに手を出すのはリスクがありますが、医療の未来への投資だと思い、今は応援するつもりで持っています。

■極楽湯ホールディングス（2340）

スーパー銭湯が好きなわけではないのに、なぜか持っているのが極楽湯《ごくらくゆ》ホールディングスの株です。

東京ドームの株はずっと売ったり買ったりを繰り返していたのですが、優待で「得《とく》10《てん》チケット」という東京ドームの遊園地やラクーア（スパ施設）で利用できるチケットの冊子が届いていました。

あるとき、ふと「他にスーパー銭湯はどういうところがあるんだろう？」と調べてみたところ、店舗数日本一の極楽湯のことを知りました。中国にも進出して大ブームになり、勢いに乗っている会社でした。

「こんなジャンルにも銘柄選びのヒントがあるんだな」と思い、その当時は割安だったこともあり、買ってみたのですが……。思っていたより株価は上がらなかったので、今は塩漬けになっています。やっぱり、あまり思い入れのないところはダメなのかもしれません。

2018年〜　不動産関連

不動産投資を始め、会社のことを知れば知るほど惚《ほ》れ込んでしまった銘柄です。

■GA technologies（3491）

最近、注目し始めたのが不動産会社の株です。

株で得たお金で、2018年から中古マンションを買って不動産投資（経営）も始めました。前は、「不動産投資なんて、難しそうだからムリ！」と思っていました。ところが、広島の実家を建て替えたあと、母も東京に出てきて、実家は私と母が帰るときぐらいしか使わないので、「もったいないな」と思い始めたのです。それから、「誰かに貸したらどうだろう？」と考えるようになって、不動産投資に興味を持つようになりました。

投資用の不動産を買ったときにお世話になったのは、GA technologiesさんという会社。ここが今注目している銘柄の一つで、ＡＩを活用して中古の不動産を探すなど、ユニークなサービスを展開しています。

不動産投資をする前から、GA technologiesさんのイベントに出演させていただくことがあり、社長の樋口龍《ひぐちりょう》さんの「テクノロジーで世の中を変えるんだ」という信念を伺ううちに、「この会社、いいなあ」とすっかりファンになってしまいました。

樋口さんのもとには、元々はその会社のお客様だったのに、惚れ込んで転職してきている人がかなりいるようです。

上場してまだ1年も経っていないのにＩＲの数がすごく、投資家を意識されていることが伝わってきます。

話を聞けば聞くほど惚れていってしまうので、応援したいという思いで持っています。

Column 05

私がオススメの株関連アプリやサイト

ここで、私がリサーチをするときに使っているアプリや個人のブログをご紹介します。リサーチする時間を少しでも短縮するために、株の情報をまとめたサイトやブログは結構あるので、いくつかお気に入りに入れておくと便利です。

個人がやっているブログやサイトは、投資家生活の長い人がオススメです。私も株初心者の頃は、株歴が長い方の意見をもとに調べてみて、「なるほど、二日前から上がってるからオススメしてるんだ」と気づき、実際に参考にさせていただいた銘柄もあります。

反対に、注意したいのは株歴が浅い方や、「自分のすすめる銘柄を買えば大丈夫」と自信満々の方。どちらも、誰かをカモにするために開設しているのかな、と感じるので、私は怖くて参考にはしていません。

大手企業のサイトでも、そこに集う投資家の意見が必ずしも信じられるわけではないので、自分でも調べてみる手間暇は惜しまないようにしてくださいね。

・みんかぶ（https://minkabu.jp/）

株の投資家の間では有名なサイト&アプリです。

ユーザーの株価の予想や株式ランキング、優待といった、売買するときの判断基準になる材料がそろっています。銘柄ごとのチャートや株主優待、銘柄に関するニュースや企業情報など、株の投資に必要な情報も一通り仕入れられます。

私は買いたい銘柄についての情報は、いつもここで調べます。

自分が買いたい銘柄が買い優勢なのか売り優勢なのかが分かりますし、その会社が割安か割高なのかも診断してくれるので、売買の目安にしやすいのです。

比較対象の注目企業の一覧も載っていて、欲しい情報がすぐに得られるのもいいな、と愛用しています。

デザイン的にも見やすいのでオススメです。

・Yahoo! ファイナンス（https://finance.yahoo.co.jp/）

これも株投資家の間で定番のサイト&アプリ。株以外にも、さまざまな投資についての情報が載っています。

情報的には「みんかぶ」と同じですが、銘柄ごとにコメントが投稿できるようになっていて、私はその内容をよくチェックしています。暇があったら見ているぐらい、個人投資家さんの意見は重要な情報源なんです。

だいたい、いつも常連の投資家さんが投稿していて、そのコメントを読むうちに、「この方の意見は参考になるな」「この方は、自分が買っちゃってるから、上げたくて必死にコメントしてるんだな」というのが分かってきます。

時々、「1週間前にこの銘柄を200株買いました」と宣言する投資家もいるのですが、それは意図があってやっていることなので、要注意です。

私が買っている銘柄と同じような銘柄に投資している方は、何となく親しみがわきますし、その方が選んでいる銘柄は参考になります。自分との相性がいい投資家さんを見つけられると面白くなります。

・**株マップ.com**（**https://jp.kabumap.com/**）

クォンツ・リサーチ株式会社がクォンツ（金融工学）を使った投資分析をしているサイトです。このサイトから「みんかぶ」や「Yahoo! ファイナンス」にも飛べるので、一つの銘柄を複数のサイトで同時にチェックできます。

業績が好調な割安銘柄一覧や激しく動く株ランキングなどを毎日掲載しているので、ここもリサーチするときには必ずチェックしています。

・会社四季報の株アプリ

投資家のバイブルと呼ばれている会社四季報のアプリです。

個別銘柄の情報はもちろんのこと、『会社四季報』の紙面も読めます。あの分厚い本からお目当ての銘柄を探して読むのはちょっと大変なので、必要な銘柄だけ読めるアプリは便利です。

そのほか、編集部が選んだ旬のテーマや、達人がイチオシする厳選注目株など、企画も盛りだくさんです。

・「株探」(https://kabutan.jp/)

「みんかぶ」と同じ会社が運営している、個人投資家向けの株情報サイトです。投資のチャンスを見逃さないように、質の高い情報を素早く、たくさん提供してくれています。

たくさんのユーザーがクリックしたニュース記事が「人気ニュース」として掲載されていて、これを見るだけでも、市場の流れがつかめそうです。ユーザーの注目度が高いということは、そこに掲載された銘柄はよく買われる可能性があります。

また、株探ではほぼリアルタイムで企業の決算情報が配信されます。

・株式　人気ブログランキング（**https://blog.with2.net/ranking/1531**）

サラリーマン投資家の方のサイトなどでも、自分が売買した銘柄についてくわしく分析したレポートが書いてあったり、自分では買わない銘柄でも、体験談を読んでいるだけで思わぬヒントになったりするので面白いです。ランキングから気になったモノをチョイスしてみてもいいかもしれません。

Chapter 06

「株ドル」から「億ドル」へ

眠っているお金に働いてもらう川をつくる

私は結婚しても、夫とお財布は別々にします。

独身であろうが、結婚しようが、欲しいもの、必要なものは自分で稼いだお金で買いたいと思っているからです。

子どもの頃から、なぜか人に何かを買ってもらうのが申し訳ないなと感じる性格だったのです。

仕事は好きなのでずっと続けたいと思っていますが、芸能界の仕事はいつまでもできるわけではないということも分かっています。だから、投資はこれからもずっと続けていきます。

おじいさんが株をやっているという友だちから聞いた話です。友だちのおじいさんは、入院していたときに暇で、いつも熱心に株のチャートを見ていました。そのとき看護師さんに、「今日、5000円儲けた」みたいな話をしたら、「いいですねえ、今度株の買い方を教えてくださいよ」と言われて励みになっていたと話していたそうです。

株は老後になってもできますし、それこそ入院していてもベッドの上でできます。いくつになっても楽しめそうです。

株はいつでも始められますし、いつでもやめられます。私のようにずっと続けている必要もなく、お金があるときだけやってもいいでしょう。

一つの趣味として知っておくと、自分の楽しみを増やせると思います。

私が共感した本に『年収1000万円の貧乏人　年収300万円のお金持ち』（KADOKAWA　伊藤邦生《いとうくにお》著）という本があります。

元証券マンの方の本ですが、株投資のプロであるファンドマネジャーでも7割が勝てないなど、衝撃的なことがたくさん書いてあります。

なかでも印象的だったのは、「川の流れを増やす」という話でした。

この本ではお金の流れを川、自分のお金が貯まる場所（家計）をダムにたとえています。

お金の流れには給料の川、衣の川、食の川、住の川の4つがあります。給料の川から流れ込んだ水はダムに溜まります。そのダムから衣の川、食の川、住の川にお金は流れていくのです。

ダムにお金を貯めるには、給料の川の水の量を増やすか、衣の川、食の川、住の川に流れていくお金を抑えるという方法があります。

この本では、お金持ちは給料の川の他に、別の収入の川をつくると紹介しています。それをゴールドリバーと呼んでいます。

ゴールドリバーは、株や不動産などの投資で、眠っているお金に働いてもらってつくる川です。給料の川にプラスして、ゴールドリバーからもお金が流れ込めば、ダムに貯まるお金が増えていくということです。

芸能界のお仕事は「水物」と言われるように、不安定なお仕事です。ですので、私のまわりのタレントさんも「何か別の収入源を持ちたい」と考えている人は大勢います。飲食店の経営に乗り出す芸能人が多いのは、やっぱり給料の川だけでは不安だからでしょう。

どんな仕事の方でも、ゴールドリバー、つまり眠っているお金が働いてくれる川をつくっておくと、将来の生活ややりたいことの備えになるのではないでしょうか。

専業主婦の方なら、なおさら給料の川がない分だけ、ゴールドリバーという川が家族にとっての助けにもなると思います。

お金の話をしないと、お金は増やせません

お金に興味があるなら、お金に興味があることを行動で示しましょう。お金も人といっしょで、自分が相手にしなければ相手にしてもらえません。私は、お金に相手にしてもらえるように心がけています。

たとえば、女性の多くはお金の話をするのを嫌がります。私が株をやっていると話すと、「そんなに金儲けが好きなの？」と眉をひそめるのは、たいてい女性です。

節約術は大好きで、「あそこのスーパーではキャベツが50円安いわよ」のような会話はママ友同士でよくするのに、なぜお金を増やす話はNGなのでしょう。

声を大にして言いたいのは、お金の話をしないでお金が増えたり、お金に好かれる

ことはありません！

それに、ちょっと下世話かなとか、人に話しづらいなと思うことを話せると、相手に心を開けますよね。実はお金もそうです。お金について、貯めたい、増やしたいと思ってるんだよねと話せば、共感する人が出てきて、付き合いも広がっていくと思います。

また、自分に投資することはもちろんいいことなのですが、自分にばかりお金をかけないで、人に教えてあげると必ずお金は返ってきます。

株を始めたら、なるべくまわりの人に話してみるのをオススメします。女性にいきなりは引かれてしまうのではと思うのなら、男性だけでもいいと思います。

普段は全然株の話をしない人でも、男性だと「実は自分もやっている」という人が意外と多いです。株をやっていなくても国債に投資したり、何らかの投資を体験している人は大勢いるので、共通の話題になりやすいのです。

女性で株の話をする人は少ないせいか、「株に興味あるの？」と喜んで、「この銘柄は業績が最近いいよね」「あの銘柄もいいね」と、貴重な情報を教えてくれたりします。男性は基本的に教えるのが好きなのかもしれません。私はそういう話も参考にして、銘柄選びに役立ててきました。

それに、**株は人に教えて損するものではありません。1円でも上がったら自分の利益になるので、むしろ買ってくれる人が大勢いたほうがいいんです。**

「生きたお金」をうまく使える人が、お金も増やせる人なんじゃないかと思います。お金を貯めることもいいことだけど、減りもしなければ増えもしません。ずっとガッチリ守って持っているだけではしょうがないので、「お金は天下のまわりもの」ということで、きちんとまわせる人がお金にも好かれる人なのかなと思います。

お財布にもこだわってます

お財布は大切なお金を入れるツールなので、自然とこだわりを持つようになったのかもしれません。

私は、財布は必ず自分で買っています。よく「自分よりもお金持ちの人からもらうと金運が上がる」と言われますが、人の「気」が入っているようでちょっと抵抗があるのです。

愛用の財布は、定期的にクリーニングに出してメンテナンスしています。色がちょっとでもはげてきたら縁起が悪い気がして、色も染めてもらいます。だいたい2年周期で買いかえていますが、使っている間は丁寧にケアしているのです。

ゴールドのものを取りいれると、金運が上がる気がするので、お財布も金色のものを選びます。財布の中には、株主優待の桐谷さんにいただいた「歩の力」と書かれたお守りも入れています（笑）。そういうゲン担《かつ》ぎはしますね。

現金はほとんど持ち歩きません。

いつも1000円ぐらいしかお財布に入れていないのです。

その理由は、お金を入れておくと使ってしまうから。

私はムダ遣いするのが嫌いで、安く買うのが大好きなんですが、ショッピングをしていると「あ、これかわいいな」とつい何も考えずに買ってしまうこともあります。

大きな額の買い物のときはさすがに慎重になりますが、安いものはハードルが低いので、財布のひもが緩んでしまうのです。

だから、持ち歩かないのが一番だという結論になりました。

かといって、頻繁にクレジットカードを使うわけでもありません。

高い買い物をするときは、本当に必要なのかどうかよくよく考えてから、後日買いに行きます。

普段はあまりものを買わないけど、自分にとって本当に必要なものを買って、大切に使いたいです。

投資用と決めたお金はきちんと回す

皆さんは、臨時収入や予定外の収入があったとき、そのお金を何に使いますか？　お金の使い道を考えるのは大事です。せっかく手元に入ってきたのに、何となく使っているうちにお金が残っていなかった、なんてことになったらもったいないですよね。子どもの頃は、お年玉やお小遣いはしっかり貯金していませんでしたか。

私は株で出た利益は、そのまま株に使っています。

株は投資金額を増やせば、利益もそれだけ大きくなります。最初は30万円からスタートしましたが、それで出た利益は現金にして使うのではなく、そのまま新たな株を買うのに使いました。さらに利益が出たらそれも株に使って……という感じで、投資金額を少しずつ増やしていきました。

最初の頃はコツコツ利益を積み上げただけで、慣れてきたら仕事で入ったお金をさらに投入しました。そのようなことを繰り返していたら、**始めて5年ぐらいで1000万円の利益を出せたのです。**

5年で1000万円となると、1年につき200万円の利益です。それだけの金額を副業で稼ぐのは大変ではないでしょうか。お金に働いてもらうというのは、そういうことなのです。

私の実感として、1000万円が1つのハードルかな、と思います。

1000万円をクリアしてからは、高額な株を買えるようになりますし、投資できる金額が大きくなるのでその分利益も大きくなり、そこから増えていくスピードは格段と速くなるのです。

お金の使い方を考える

30歳のとき、実家の家を建て替えました。

実家に帰るたびに、母に「株で稼いだお金で、家を建て替えるね」と言って、冗談だと思われていましたが、実現したときは大喜びしてもらえました。今のところ、これが人生で最大の買い物です。

二番目に大きな買い物は、仕事の移動用の車です。

車は自分で欲しかったわけではなく、事務所の車の台数が限られていて使いたいときに使えなかったので、自分で買ってマネージャーさんに運転してもらうことにしました。

我ながら、色気のないお金の使い方をしているな、と思います（笑）。

海外旅行で豪遊するとか、ブランドものの服やバッグを買いあさるということはありません。ファッションに興味はあるのですが、質のいいものを長く使いたいタイプなので、それほど数は持っていないのです。

必要なものに大きく使って、それ以外のことに使わなければ、お金はいつも手元に残ります。

もちろん、自分への投資もしています。

補正下着のビジネスは、まさにそうです。まとまったお金があると、自分のやってみたいことを実現できるのだと、このときしみじみと感じました。

皆さんも、もし今すぐに使い道がなくて、将来のために備えておきたいのなら、まとまったお金が貯まるまでは、株の利益には手をつけないのをオススメします。

「今月は株で3万円利益が出たから、三ツ星レストランに行っちゃおう♪」なんて使っていたら、あっという間になくなってしまいます。

私は10年ぐらいで、トータルで1億円の利益を出せました。

途中で「中長期の投資だけではお金は大きく増やせないのかな」とデイトレや週ト

レを始めて、利益が出るスピードが加速したというのはあります。

ですが、ずっと中長期投資だけをコツコツ続けても、それなりに利益を出せるのではないでしょうか。

年間に数十万円～数百万円の利益を出せれば、充分な備えになるはずです。

お金を持つことで気持ちに余裕が持てるようになった

お金を人生のパートナーにするという考えは、あまり人を、特に男性を信用していないからかもしれません。

……と言っても、疑い深い人間というわけではありません。ひどい目に何度もあって人間不信に陥っているのではなく、信用していても、いつか裏切られるかもしれないと、どこかで覚悟している自分がいるという感じです。

グラビアの仕事でも、一生懸命やればお仕事をもらえると思っていたのに社交辞令だったり、必ずしも努力が実る世界ではありません。はなから期待しないことが傷つかない方法とまで思いました。

どんな人もいい面もあれば、悪い面もあります。誰でも自分が一番大切なのは当たり前です。

人はときに裏切るけれど、お金は裏切らない。

人を信用しても、最後の切り札は持っていたい。

そう思うから、投資で稼げる術を身につけることに懸命になっているのです。

幸いなことに極貧生活を送ったことは一度もないんですが、ダメンズを好きになる体質で、恋愛では大失敗を繰り返してきました。

私はとにかくいろいろしてあげたくなっちゃうタイプで、元彼をみんなダメ人間にしてしまいました（笑）。靴下も履かせてあげたい、お風呂で背中を流してあげたい、彼にできることは何でもやってあげたいと思って、困っていればお金も貸しました。ギャンブルで30万円の借金をしていた男性と付き合っていて、借金を肩代わりしたこともあります。

「ありがとう」とか「おまえがいないとダメだよ」みたいなことを言われると、「そうだよね、この人は私がいないともう生きていけないんだ」と使命感みたいなものが芽生えてしまうのです。

そんな恋愛ばかりなので、「恋愛はうまくいっていても、いつ終わるか分からない」

に、結果的に私がいないとダメだなと思ってしまう男性に惹《ひ》かれる傾向があったので、結果的にお金にだらしない人が多くて大変でしたが、今考えると、そういう人ばかりを引き寄せる自分だったから、お金を生み出さなきゃ、お金を増やさなきゃ、という思考になったのかもしれません。

今は、それはそれで自分で稼ぐという思考が身についたので、よかったのかなと考えています。

何となく、「私は結婚はできないかも」と思っていました。

株でそれなりにお金を稼げるようになってきてから、そんなに頑張らなくてもこの先はそれほど不安じゃないかな、と思えるようになったので、結婚を意識できるようになったのでしょう。

しかし、結婚によって環境が変わって、いろんな意味で相手に依存をしてしまうようになるのが怖いので、できることなら自分の生活ペースをあまり崩したくないという思いはありますし、人に寄りかかり過ぎないように自立はしていたい、と思っています。

お金があるからといって必ずしも幸せになれるわけではないですが、自信や気持ちの余裕は生まれます。それが何よりの財産かもしれません。

Chapter 07

株が世界を広げてくれた

投資家目線で養えた行動力

私は『…and LOVE』という自伝的小説を出して、映画化もされたのですが、実はどちらも自分で売り込んで実現させました。

普通は、出版社や映画会社から企画を持ち込まれるのかもしれませんが、「グラビアアイドルの杉原杏璃」というイメージがしっかりできていると、お仕事の幅はどうしても限られてしまうのです。

株をやっていて気づいたのですが、違う分野の会社同士のコラボ商品はたくさんあります。たとえば、スーパーマリオとセイコーウォッチが組んで、スーパーマリオの腕時計を限定販売するとか。

ゲーム会社なのにゲームではない事業もやっているし、そういうビジネスの世界を見ているうちに、「グラビアアイドルでも別の分野とコラボできるんじゃないかな」

と思うようになったのです。

そこで考えたのがグラビア × 小説のコラボでした。誌面でグラビアを飾るだけじゃない方法の見せ方もできるのではないかと思ったのです。

それも私の実体験をもとに小説にしたら、よりリアルで刺激的になると思ったのです。

とはいえ、私も小説なんて書いたことはありませんし、いくつかの出版社に持ち込んでも、断られ続けました。それでもめげずに持ちこんだら、「週刊大衆ヴィーナス」さんでの連載が決まり、本を出版することができたのです。

この本は、グラビア × ウェブ漫画というコラボも生まれました（漫画は石紙一《いしがみはじめ》さんが担当）。グラビア入りのコミックはそれまでになかったので、新しいチャレンジができたんじゃないでしょうか。

さらに、本だけで終わりにするのももったいないなと思い、映画会社に「映画化しませんか？」とあちこちに声をかけました。それでようやく、「やりましょう」と乗り気になってくださった会社があったのです。

私はデビューしたてのころは演技中心の事務所に所属していたので、それまでもドラマにちょっとした役で出たことはありました。でも、演技の世界では挫折していたので、本当は別の女性に私を演じてもらいたいと思っていました。それが、映画会社との話し合いの中で、私が主演をするのが自然だろうという話になったのです。ストレスとプレッシャーで体重が5キロも減りましたが、チャレンジしてよかったと心から思っています。

何度断られても、「次行こう」と思えたのは、株で失敗しても何度もチャレンジして、ガッツが身についたからかもしれません。

また、当の本人がしっかり誠意を見せてお願いすれば、まわりはちゃんと話を聞いてくれるんだということも分かりました。**今までは与えられた仕事を笑顔で「はい」と受けるだけでしたが、株をやってから少し自信がついたのかなと思います。**

ソフト補正下着の会社を立ち上げる

ソフト補正下着のビジネスを思いついたときも、補正下着をつくっている会社に何度も足を運んでお願いしました。

一から自分で会社を立ち上げて下着をつくるノウハウはゼロだったので、プロに任せることにしました。

29歳のときに売り込みを始めたのですが、実績も何もありませんし、最初は断られっぱなしでした。それでも諦めずにお願いし続けたら、ようやくOKをいただけたのです。

「Andijur《アンディジュール》」というブランドを立ち上げるときに思ったのは、「自分が株を買いたくなるようなブランドにしよう」ということでした。

それには、お客様に商品に惚れ込んでもらわなければなりませんし、飽きさせないようにしなければなりません。

最初は、７００万ぐらいの資金を投入して商品を開発しました。

ご縁があって大手通販専門チャンネルで販売できることになりました。1回のオンエアでの売上目標というものがあり、目標を与えられたことでちょっと社会人になったような気持ちがして、かなりプレッシャーもありましたが、それが嬉しくて、新たな刺激になりました。スタッフ皆さんのご協力のお陰で、初回の売り上げは見事に目標クリア。続けて販売できることになりました。

最初は20代、30代の女性を対象にした商品で、若いママさんに好評だったのですが、番組の視聴者は圧倒的に50代、60代なので、このままだと売れなくなるなと感じました。そこで、50代、60代向けの商品をつくったのです。

これは飛ぶように売れて、ウェブサイトなども含めると、1日で1億円以上売れる日もあります。

その後、40代向けの新感覚インナー「ANLURA《アンルーラ》」も発売しました。企業も、常に新機能や新商品などを発表していかないと株価を維持するのが難しいので、同じ商品をずっと提供していたらいつか売れなくなるだろうな、と考えています。

だから季節によってもデザインを変えていますし、夏向けの商品として水着のプロデュースにもチャレンジしました。

いつか中国でも販売したいと思ったのは、株を通して中国市場の魅力をよく知っているからです。

分散投資ではないですが、間口を広げ、先に種をまいておかないと回収するのに時間がかかりますし、株一本だけじゃいけないなと考えるようになりました。

株で養った思考はあらゆるところで役に立っていますし、何より行動力が生まれたのが一番の収穫だと言えます。

ビジネスで一番大切なのは経験、知識やセンス、才能などではなく、行動力だと思います。

考えてばかりだと何も始まりません。

株を始めるのも、行動の第一歩かもしれません。

目標は40代で5億！

私はA型のせいか、不安症なのか、毎年目標を立てずにいられない性格です。

たとえば、「今年はDVDを4本出して、この月に写真集を出して、その次にトレーディングカード（写真がプリントされたカード）を出して、年末にカレンダーを出すね」とまわりの人に宣言するのです。

文字にして壁に貼ったりはしていないのですが、まわりに宣言すると実現しやすくなります。自分で忘れていても、まわりの人が「これをするって言ってたけど、するの？　しないの？」とけしかけてくれるので、それで軌道修正できます。

グラビアのお仕事も、10年間やったら、35歳でやめようという人生設計を考えていました。

やっぱり、グラビアは歳を重ねると仕事が減っていきますし、マネージャーさんに

「そろそろやめようか」と言われたらショックを受けると思っていたんです。だから、自分の引き際は全部自分で決めようと考えていました。

29歳のときにソフト補正下着をやると決めて、その種まきをして、30歳からスタートしました。35歳からはそちらのビジネスをもっと本格的にやろうと計画していて、最近になって中国での販売を模索しています。

プライベートでも、何歳で引っ越して、何歳から婚活して、何歳で結婚するとか、ざっくりした人生設計を立てていました。一応、37歳までに結婚して、子ども2人を産みたいと思っていたのですが……。そう思い通りにいくかはわかりません（笑）。

本当は、「今が楽しければいいじゃん！　なるようになる！」という生き方をしたほうが、ずっと楽です。

でも、何か欲しいものがあっても、「この仕事をずっと続けられるわけではないし……」と思うとブレーキがかかります。

「年取ってから買いたいものってそんなにないから、若いうちに好きなものを買ったほうがいいよ」とまわりからも言われるのですが、それでも「そんな使い方をしたらあとが怖い」と踏み出せなかったのです。

今の目標は、40代で株で5億円貯めたいな、と考えています。

その5億円を元手に、ソフト補正下着のビジネスに更に力を入れたり、他の事業にも投資したいのです。数年前から不動産投資も始めて、これからは株と不動産投資の2本柱で運用の幅を広げていきたいです。

芸能界のお仕事に定年はありませんが、私の場合は45歳ぐらいまでかな、と思っています。バラエティ番組にいつまで出してもらえるのか分かりませんし、スポーツ選手の旬が短いように、タレントもやっぱり旬は短いのです。

だからこそ、自分らしい生き方をできる手段を芸能界以外にも見つけておくために、**「備えよ、常に」**です。

投資で「自分らしい生き方」を手に入れよう

私の友人で、芸能界を引退して専業主婦になった人がいます。

彼女が結婚してからもたまに会っているんですが、会うたびに段々元気がなくなっていました。

話を聞くと、自由がないのが耐えられない、というのです。

「束縛されてるの？」と聞くと、「そういうんじゃなくて、旦那にもらったお金だけで生活するのが嫌なの」とのこと。

芸能界にいるときは自分で稼いでいたので、お金を好きなことに使えました。それが、専業主婦になった途端に、自由に使えるお金が減り、欲しいものをガマンしなければならなくなったので、「もう離婚しようかな」とまで言い出したのです。

「そんなことで？」とも思いましたが、真剣に悩んでいるようだったので実際口に出しては言えませんでした。

そこで、「だったら株をやってみたら？」とすすめてみました。

彼女は50万円の元手で始めて、ちょっとずつお金が貯まっていきました。すると、彼女のストレスは解消されて、気持ちも落ち着いていったのです。

そのうえ、彼女はアクセサリーをつくりはじめて、それをフリマやネットで販売してみたところ、これが当たりました。今は株で稼いだお金で材料を買い、アクセサリーをつくって売るというアクセサリー作家として活躍しています。

株を始めたことで、生活に余裕が生まれて、趣味が生まれた。さらに、その趣味をビジネスにできたので、「今までなら考えられなかった道が開けた」と喜んでいます。

もちろん、結婚生活も順調です。

私は「株で億稼いで、投資家生活！」のような、華々しい成功を目指していません。

そんな大きな成功を手に入れるために株をやるのではなく、今の生活を守るためだったり、やりたいことを実現するためや、ガマンしていることをなくすために株をやるほうが、現実的ではないでしょうか？

小さな変化でも幸せになれると思うんです。

芸能界は不安定な業界なので、タレントもマネージャーも恵まれた環境にいるとは言えません。それでも株から不動産、ソフト補正下着の会社と、川が枝分かれしていくように資金を増やす方法が増え、自分は何とかやっていけるという自信がついたんだと思います。

私は会社に勤めたことはありませんが、最近は会社勤めも安定はしていないという話をよく聞きます。

だからこそ、もう一つの希望の川をつくっておくのが大事です。どんな困難なときでも、希望があれば乗り切れます。

お金があれば新しいことにチャレンジできるかもしれないし、私の友達のように新たなビジネスを自分で始められるかもしれません。自分の選択肢を増やせるので、諦めなければいけないことを減らせると思うのです。

私にもできたから、あなたにもできる！

もし、株をやっていなかったら、どんな人生を送っていたんだろう？

時折、そんなことを考えます。

芸能界で生き残っていけるのか分からないし、そもそもグラビアは一生できる仕事ではないし、漠然と不安になって、不安で不安でたまらなくなって、「誰か頼る人を見つけなきゃ」と焦って空回りしていた気がします。

そうなっていたら、今とは全然違う人生を送っていたでしょう。

グラビアアイドルの世界は華やかなイメージがありますが、合コンとかで毎日飲み歩いたりするチームと、そうではないチームの真っ二つに分かれます。

私はそうではないほう。仕事で刺激的で華やかな体験をさせてもらっているので、それで満足してしまって、プライベートはすっぴんでジャージで過ごしていました。

家からも出たくなくて、家にこもって一人でゲームをしていることもあり、本当に地味なのです。

自分を武器にして、男性にチヤホヤされるのが好きな人は、合コンで出会った男性に「バッグを買ってあげようか？」と言われて、素直に喜べる。それが彼女たちの最大の武器なので、羨《うらや》ましくもあるのですが、「そういうのは今だけだよ。忘れないでね」とひそかに思っていたりします。

愛犬のきなこと一緒に過ごす時間が一番大事で、その次に生きがいになっているのが株でした。株をやっていなかったら、日々のメリハリがなくて、つまらない生活を送っていたかもしれません。

私は、仕事がうまくいかなかったりして悩んだり落ち込んだりするときは、株で気分転換しています。チャートを見たり、銘柄の会社について調べていると、それに没頭できるので悩み事から離れていられるのです。

画面を閉じるころには、「まあいいか。終わったことでクヨクヨ悩んでいてもしょ

は大切な場があるといいかもしれません。そういった、日常から心を切り離せる場は

大切なのかもしれません。そういう場がないと、「あの人にあんな風に言われて、黙

ってないで言い返せばよかった」なんて、ずっと悶々《もんもん》と考えてしまいがちです。

どこの職場にも嫌な人や、合わない人は必ずいると思います。

考えてもムダだと分かっていても、ついクヨクヨ考えてしまいますが、考えないこ

とや忘れることって、本当に難しい。それなら、他のことを考えるしかないでしょ

う。

私は、株価が下がったときは心は乱れますが、それでもやめたいと思ったことは一

度もありませんでした。

株はこれからもずっと私のパートナーだろうと思っています。

友だちから会社の話を聞くと、「残業ばかりで大変だろうな」「上司に理不尽《りふじん》に叱《しか》ら

れるなんて、つらいだろうな」と感じます。

株をやるにしても、情報収集や勉強などで、頭を働かせなくてはならないことには

変わりありません。それでも、これは会社のためではなく、すべて自分のために働いているのです。

会社で一生懸命働いていても、本当に報われるのか？　なんて考えてしまうこと、ありませんか。

だから、一生を会社のために捧げるのではなく、自分らしく生きることを追求してほしいと思います。そのために、株式投資はきっと力を貸してくれます。

高校生時代の私を知る地元の友人たちは、「杏璃ができるなら、私にもできるかも」と株を始めました。

そうです、私にもできるんですから、皆さんにもできます！

株は怖いものではなく、楽しいものだと感じてもらえれば、私としては本望です。

おわりに

ここまでお読みいただき、ありがとうございました。

いかがでしたか？

本書を読んで、少しでも「株をやってみようかな」と思ってもらえたら、私としても嬉しい限りです。

最後にお伝えしたいのですが、株をやっていても、何でも「儲かった！」「損した」と損得だけで考えるのはやめたほうがいいと思います。

本当に大切なのは、お金や数字にならないものです。

たとえば、株にチャレンジした経験は、きっと財産になります。

やっていないものを「できない、しない」と決めつけるのは、自分の世界を制限してしまい、人生経験としてももったいないと思うのです。やってみてから、「向いてない、違うな」と決断するのなら、人生の幅は少し広がっているはずです。

最初はうまく利益を出せなくても、「こうやればいい」「次はあれをやってみよう」と考えることが大事なのです。そういう前向きな思考が、日常のいろいろな場面で活きてきます。

今の世の中は、なんでもメリット・デメリットで考える傾向があります。そんな雰囲気に流されると、自分のメリットだけに目が向きがちです。でも、自分がハッピーになるためには、まわりもハッピーにしなければなりません。ですので、株で得たハッピーをまわりにもおすそ分けしてください。そうすれば、2倍、3倍のハッピーが返ってきます。

今の時代は男性だって、女性だって、家にいながらにして今までにない世界を体験できるようになりました。

働きながらでも、学校に通いながらでも、子育てしながらでも、お金を増やすことができる。

それが株の魅力です。

もしお金が増えたら、将来起業したいという夢のための資金もつくれます。マイホームを買いたい、子どものための教育費を貯めておきたいなど、さまざまな「したい」があるでしょう。

お金があれば何でもできるというわけでは決してありませんが、自分のやりたいこと、なりたいものを諦めなくてすむ手助けにはなります。

皆さんが株で自分の夢を実現できるよう、私も全力で応援しています！

杉原杏璃

2019年5月

本書は、２０１９年5月、小社より単行本『株は夢をかなえる道具　女子のための株式投資入門』として刊行された作品を、加筆・修正のうえ文庫化したものです。

一〇〇字書評

切り取り線

購買動機（新聞、雑誌名を記入するか、あるいは○をつけてください）	
□（　　　　　　　　　　）の広告を見て	
□（　　　　　　　　　　）の書評を見て	
□ 知人のすすめで	□ タイトルに惹かれて
□ カバーがよかったから	□ 内容が面白そうだから
□ 好きな作家だから	□ 好きな分野の本だから

●最近、最も感銘を受けた作品名をお書きください

●あなたのお好きな作家名をお書きください

●その他、ご要望がありましたらお書きください

住所	〒				
氏名		職業		年齢	
新刊情報等のパソコンメール配信を 希望する・しない	Eメール	※携帯には配信できません			

あなたにお願い

この本の感想を、編集部までお寄せいただけたらありがたく存じます。今後の企画の参考にさせていただきます。Eメールでも結構です。

いただいた「一〇〇字書評」は、新聞・雑誌等に紹介させていただくことがあります。その場合はお礼として特製図書カードを差し上げます。

前ページの原稿用紙に書評をお書きの上、切り取り、左記までお送り下さい。宛先の住所は不要です。

なお、ご記入いただいたお名前、ご住所等は、書評紹介の事前了解、謝礼のお届けのためだけに利用し、そのほかの目的のために利用することはありません。

〒一〇一―八七〇一
祥伝社黄金文庫編集長　栗原和子
☎〇三（三二六五）二〇八四
ohgon@shodensha.co.jp

祥伝社ホームページの「ブックレビュー」からも、書けるようになりました。
www.shodensha.co.jp/bookreview

本書をご購入いただいた方へ 著者からの特別プレゼント

特典1 杏璃の「株用語」解説集

株式投資を始めるにあたって、専門用語を理解することはとても大切です。分からない単語に出会った時は、この解説集を活用してみてください。

特典2 今日から使える「株ノート」

本編でもお伝えしましたが、自分が何をどのタイミングでどれだけ売買したのかを記録しておくと、意外と面白い発見があったりします。もし負担でなければ、このフォーマットを使ってみてください。

特典3 出版記念セミナー無料ご招待券

書籍ではお伝えしきれなかった株式投資についての情報や魅力をたっぷりお伝えします！ぜひお気軽にお越しください！

こちらからお受け取りください!

※本特典の提供は杉原杏璃の投資アカデミー事務局が実施いたします。
お問い合わせは info@sugiharaanri-toushiacademy.com までお願いいたします。

祥伝社黄金文庫

株《かぶ》は夢《ゆめ》をかなえる道具《どうぐ》
女子《じょし》のための株式投資入門《かぶしきとうしにゅうもん》

令和5年8月20日　初版第1刷発行

著　者　杉原《すぎはら》　杏璃《あんり》

発行者　辻　浩明

発行所　祥伝社《しょうでんしゃ》
〒101－8701
東京都千代田区神田神保町3－3
電話　03（3265）2084（編集部）
電話　03（3265）2081（販売部）
電話　03（3265）3622（業務部）
www.shodensha.co.jp

印刷所　萩原印刷

製本所　積信堂

　ISBN978-4-396-31841-3 C0133